Anonymus

Erlebnisse eines Kaiserl.Königl. Offiziers im österreichisch-serbischen

Armeecorps

In den Jahren 1848 und 1849, 2. unveränderte Ausgabe

Anonymus

Erlebnisse eines Kaiserl.Königl. Offiziers im österreichisch-serbischen Armeecorps
In den Jahren 1848 und 1849, 2. unveränderte Ausgabe

ISBN/EAN: 9783743410961

Hergestellt in Europa, USA, Kanada, Australien, Japan

Cover: Foto ©ninafisch / pixelio.de

Manufactured and distributed by brebook publishing software (www.brebook.com)

Anonymus

Erlebnisse eines Kaiserl.Königl. Offiziers im österreichisch-serbischen

Armeecorps

Erlebnisse

eines

kaiserl. - königl. Offiziers

im

österreichisch - serbischen Armee - Corps

in den Jahren

1848 und 1849.

———

Mit zwei lithographirten Situationsplänen.

———

2. unveränderte Ausgabe.

PRAG, 1862.

In Commission bei **F. A. CREDNER,**

k. k. Hof-Buch- und Kunsthändler.

„— — es wäre denn, dass ein solcher Befehl auffallend gegen seine Pflichten und gegen seine beschworene Treue, oder zum augenscheinlichen Nachtheile des Dienstes lautete; in welchem Falle der Untergebene verpflichtet ist, — —"

K. k. Dienstreglement.

Druck von I. C. Soppron in Semlin.

DEM ANDENKEN

des

Wojwoden der Serbischen Nation

weiland

STEPHAN ŠUPLIKATZ

de Vitez

kaiserlich-königlichen Generalen und Ritter des kaiserlich-österreichischen
Ordens der Eisernen Krone erster Classe,

demuthsvoll gewidmet.

———

VORREDE.

Belizar, der Feldherr Kaiser Justinians, der grösste
Held des byzantinischen Reiches, der trakische Sohn, —
kämpfte bis an sein Lebensende tapfer und treu für seines Kaisers Recht, Ehre und Ruhm.

529 n. Chr. schlug er bei Dara den Perserkönig Mir-
ranes; eroberte innerhalb dreier Jahre, von 533 bis 535,
Afrika, Sicilien, Neapel, hielt 536 seinen Einzug durch das
Asinarische Thor in die ewige Roma, um kurz darauf —
er allein und als der alleinige Besieger der die Stadt
belagernden Gothen — durch das Flaminische den schönsten Triumpfzug, den die römische Geschichte aufzuwei-
sen hat, zu halten.

Er erobert Italien. Zwingt 542 den übermüthigen
Perser Chosroes in der Ebene des Euphrat zum Rückzug;
sendet 547 — Rom dem Gothenkönig Totila wieder ent-
reissend — an Justinian zum zweitenmale die Schlüssel
der Stadt. Er rettet in seinem letzten Siege Constantino-
pel von Zabergan dem Bulgarenkönig.

Belizar, dessen Name niemals sterben wird, blieb
auch dann noch seinem Kaiser treu, als es seinen Feinden
gelungen war, seine treue Hingebung zu verdächtigen. —

Als du, mein serbisch Volk! dessen Sohn ich mich nenne, — an das linke Ufer der Donau und Save herüber kamst, sagtest du dem milden Regentenhause Habsburg deine Treue zu.

Du hieltest sie!

Du bewährtest dich tapfer und treu. — Du bist — Belisar!

Im Jahre 1242 schlugst du im Bruderbunde mit den Croaten für Bela IV. die tatarischen Horden am „Polje Grobničko," als Bela am Sajo geschlagen in Croatien Zuflucht suchte. Du hieltest zu Ferdinand I. wider Zapolya unter deinem Führer Johann Čarnojević.

1529 vertheidigten deine Söhne unter Paul Bakić den Kahlenberg gegen Solimans Schaaren. Mit deinen Söhnen zog Peter Bakić 1546 für Carl V. in den Schmalkaldischen Krieg, worüber Geschichtschreiber Istvánfy sagt: *Egregiae virtutis et fidei Thraces.*

1565 vertheidigt Mathias Bakić mit 100 deiner Söhne die Unnafeste Krupa fünfundzwanzig Tage lang gegen den Vezir Sokolović, und zieht sammt Mann, Weib und Kind einen rühmlichen Tod der Sklaverei vor. Und der ganzen Welt ist es bekannt, wie Serben unter ihren Führern Johann Očarević, Radovan, Vuk Paprutović und Johann Novaković 1566 mit Sziget und seinem unsterblichen Helden Nikolaus Subić Zrinjski (Niklas Zrinyi) glorreich untergingen.

1594 hat dein Wojwode Radić bei Erstürmung der Feste Oedenburg der erste die christliche Fahne auf die Wälle gepflanzt.

Als 1605 ganz Siebenbürgen Bocskay zum Herrn sich erkies, blieb dein Georg Branković mit deinen Söhnen an des Kaisers Seite.

1605 erstürmte Milosch Srbljin, Kapitän von Papa, die Feste Vasony und Simeg.

Im dreissigjährigen Kriege kämpften deine Söhne auf Deutschlands Boden für Ferdinand II.

Und was soll ich von dem Vice-Wojwoden Johann Monasterlia sagen, der bei Mihaljevce in Syrmien mit 6400 Mann zu Fuss und 3600 Reitern die Türken derart schlug, dass viele Tausende, der Grossvezir selbst, auf dem Platze blieben, — und wie derselbe Monasterlia 1696 unter Carl von Lothringen in der Schlacht bei Csency, unweit Temesvar, den Sarkany-Pascha nebst Begleitung gefangen nahm.

Wie unsere Vorältern zu Rakoczy's Zeit sich benahmen, sagt Kaiser Joseph I. selbst in dem a. h. Entschlusse vom 29. September 1706 folgendermassen: *Gens et populus Illirycus seu Rascianus, — perduellium conatuum avertendorum causa, cum immortali laude, nec sanguini, nec substantiae pepercit.*

Wie wir uns 1848 und 1849 benommen haben, sollen diese Zeilen enthalten.

Auch Du, Serbisch Volk! bliebst deinem Kaiser auch dann noch treu, als sich deine Feinde abmühten, deine Anhänglichkeit an das Kaiserhaus zu verdächtigen.

Bleibe auch fortan tapfer und treu!

Und Euch, Ihr Brüder jenseits der Donau und Save! wie anders und besser können wir unseren Dank für Euere Hilfe, Euere Bruderliebe zollen, als — indem wir Euere Heldenthaten für die Mit- und Nachwelt hier aufzeichnen.

Pancsova, im August 1860.

Die Erlebnisse.

ERSTER ABSCHNITT.

Volks-Versammlung der österreichischen Serben zu Carlowitz den 13. Mai 1848. — Erzbischof Rajacsić. — Entstehung der Lager. — Bacut-Tomasch. — Kaiserlich-königlicher Oberstlieutenant von Mayerhoffer. — General Suplikatz.

Im Faschinge 1848 ging ich in Wien mit meinem Freunde G. Z. auf den kaiserlichen Hofball. Während der Ball schon eröffnet war, erschien ein Herr N. im croatischen National-Costume. Man war mehr erstaunt als erfreut darüber. Wie vermessen der Schritt von N. auch aussah, er war der Vorbote jener 30,000 Mann im selben Anzuge, welche einige Monate darnach dieselbe kaiserliche Burg gegen des Kaisers Feinde schützten.

Wer hätte beim Anblicke jener sorglosen Heiterkeit der Zeit die nächsten Ereignisse prophezeihen, — wer dem Wien ansehen mögen, dass es bald seinem Kaiser mit Waffen entgegentreten, — dass es unüberlegterweise sich selbst eine Grube graben wird? — Wer hielt Wien der Frevel des 6. Octobers fähig?

Von Westen kam das Fieber. Italien, Wien, Ungarn, Prag wird davon ergriffen. Ueber die Masse partieller Wünsche vergisst man seine Pflicht zum Throne und zum Gesammt-Vaterlande Oesterreich. In der Zeit der Gemüthskrankheit wurde ein Theil wirklich krank, einen andern machten die Doctoren krank, ein Dritter verzagte.

2*

Einzelne Männer, einige Provinzen und Volksstämme blieben jedoch vollkommen gesund.

Das staatliche Leben gebe einen traurigen Beweis menschlicher Unbeständigkeit, stünden nicht in Zeiten der Gefahr Männer — felsenfest in ihrer Treue, dem Throne zur Seite. — Marschall Radetzky, Fürst Windischgrätz, Ban Jellačić, Graf Latour, die Armee, — das sind die Granitpfeiler, an denen sich die Wogen brachen. Tirol, Galizien, der Süden der Monarchie, bildeten die felsige Küste des tosenden Meeres.

In der allgemeinen Begriffsverwirrung suche jeder thatkräftige Mann, jeder treue Unterthan seines Monarchen bei Zeiten seinen Posten, bevor ihn die Fluth ergriffen hat. Und sind wir im Zweifel, welchem Lager uns anzuschliessen, so sei der Tugendsinn, die Uneigennützigkeit, die Leidenschaftlosigkeit der Führer, — Bürgschaft ihrer lauteren Absichten.

War uns Oesterreichern die Wahl vielleicht schwer — zwischen Radetzky, Windischgrätz, Jellačić und Latour eines, und den Führern der Revolution und ihrem Anhange anderen Theiles?

Die im Banate, Bacska und Syrmien wohnenden Serben beabsichtigten eine National-Versammlung am 13. Mai zu Carlowitz. Ich bat und erhielt von meiner höhern Behörde die Erlaubniss dahin zu reisen, um als kaiserlicher Offizier auch mein Wörtchen zum Festhalten zu Fürst und Vaterland in die Wagschale zu legen. Doch dessen bedurfte es nicht. Einstimmig erklärten sich die Serben kaiserlich bleiben, — und keine Befehle vom ungarischen

Ministerium annehmen zu wollen. Meine Relation wurde mit Befriedigung zu Wien aufgenommen.

An dem Tage meines Eintreffens daselbst, am 25. Mai, sah ich die ersten Barrikaden — den Anfang trauriger Ereignisse.

Zu gleicher Zeit mit dem Banus Jellačić überbringt nach Innsbruck der serbische Erzbischof Joseph Rajačić mit einer Deputation die Bitten des serbischen Volkes zu den Stufen des allerh. Thrones. Indessen rückt Hrabovsky im Auftrage des ungarischen Ministeriums aus der Festung Peterwardein vor Carlowitz. Seine Truppen zünden 7—8 Häuser an, und tödten einige Wehrlose. In diesem Augenblicke sammelt Georg von Stratimirović die überraschten Serben in ein Häuflein, wirft sich fast mit blossen Fäusten auf den Angreifer und jagt ihn in die Festung.

Der Tag wirkte wie ein Zauber auf das Volk. — Innerhalb acht Tagen waren schon mehrere Lager gegen die ungarischen Truppen bezogen.

Ungeduldig las ich zu Wien von diesen Vorfällen. Mein theurer Freund G. Z. war schon in Agram. Mich hielt es nicht mehr bei dem lächerlichen Treiben der Nationalgarden Wiens. In meiner Heimat war schon Krieg. Dorthin zu gehen bat ich. Dem Wohlwollen des Obersten von Uffenberg verdanke ich es, vom Kriegsminister die Bewilligung erhalten zu haben.

Die Poesie ward — nackte Wirklichkeit, der Jüngling — Mann, die Theorie — Ausübung.

Am 4. Juli 1848 nahm ich von meinen Freunden Abschied.

Auf meiner Reise über Esseg traf ich bei Illok und
Kamenitz kleinere, in Cserević ein grösseres serbisches
Lager. Wukajlović, der Deputirte nach Innsbruck, der
unermüdliche, war in dem letzteren Commandant.

Am 8. Juli stellte ich mich dem provisorischen Lei-
ter des Krieges, dem Erzbischofe Rajačić vor. Mit mir
zugleich war dort der k. k. Lieutenant Jevrem Živanović
vom Genie-Corps. Dieser Offizier war in Peterwardein,
und als er sah, welche Wendung die Dinge nehmen, meldete er sich nach Brod, blieb aber bei den Serben.

Die allgemeine Lage in dem südlichen Theile der
Monarchie um diese Zeit ist folgende: *)

Der Ban Jellačić rüstet sich. Die General-Comman-
den zu Temesvar und Peterwardein erhalten vom Kos-
suth-Ministerium die Befehle, und ertheilen sie an die k. k.
Truppen, insbesondere aber an die Offiziere der Grenz-
Regimenter, „bei Verlust der Charge" sich jeder Theilnahme an der serbischen Bewegung zu enthalten. Und
doch musste gehandelt werden, — dem Anmarsche ungarischer Truppen unter Kiss und Hrabovsky in die Militärgrenze muss mit bewaffneter Hand gesteuert werden,
da sonst des Banus, rechte Flanke entblösst, sein Rüsten
gestört, — der Feind, einmal in der Militärgrenze festen
Fuss fassend, schwerlich mehr daraus zu vertreiben sein
wird. — Gefahr am Verzug. Die Grenzbehörden halten
an ihre Verordnungen fest. Die Zeit drängt. — Die bisherigen Organe wirken störend auf die neuen vom Erzbischofe erfliessenden Anordnungen. Der Gehorsam muss

---

*) Ich empfehle zur bessern Orientirung die vortreffliche Karte der Woj-
wodina von Friedberg.

gekündigt werden. Leider geschah der Uebergang, wie bei den verschiedenen Elementen nicht zu verwundern, in ziemlicher Unordnung. So mancher sonst wackere Kamerad erlitt eine Unbill, oder ward durch den bei den Serben entstandenen Widerstand auf die entgegengesetzte Seite gedrängt. — In Carlowitz bildet sich unter Vorsitz des Erzbischofs ein Central-Comitée, in den Stabsorten Kreis-, und in den einzelnen Ortschaften Gemeinde-Comitées zur provisorischen Leitung der Kriegsangelegenheiten, zur Herbeischaffung des Kriegsmaterials und der Verpflegung.

Die Serben erwählten den k. k. Obersten Stephan Šuplikatz de Vitez zu ihrem Wojwoden, den Erzbischof Rajačić zum Patriarchen. Aber Oberst Šuplikatz war bei der Armee in Italien. Dessen Ankunft und Uebernahme des Commandos noch in weiter Aussicht.

Von dem Illirisch- und Deutschbanater Grenz-Regimente befinden sich zwei Feldbataillone, vom Peterwardeiner Regimente das erste, und von den Csaikisten- der dritte Theil des Bataillons in Italien, — daheim somit die Reserve und das zweite Peterwardeiner Feldbataillon, dann vier Compagnien Csaikisten.

Oestlich von der Donau, bei Neu-Moldava, über Weisskirchen, Alibunar, Tomaschevatz, Perlez, Titel, Csurug, Földvar, St. Tomasch, Kać, Carlowitz, Kamenitz, der Donau entlang bis Dalja erstreckte sich die fünfunddreissig Meilen lange Linie, auf der es den Serben gelang, dem Einmarsche ungarischer Truppen zuvorzukommen. Von dieser ist das Terrain von Neu-Moldova um das Grenzgebiet herum, bis Perlez, dann von St. Tomasch bis Gospodince und von Carlowitz über Bukovce bis Kamenitz offen, nur zwischen St. Tomasch und Gospodince zieht sich eine schmale sumpfige Niederung, welche man gewissermassen ein Annäherungshinderniss nennen kann. Von Titel bis Földvar deckt die Theiss, von hier bis St. Tomasch der Franzenskanal, und von Kamenitz bis Dalja die Donau das von den Serben okkupirte Gebiet.

In Folge der Erklärung der Serben, und Hrabovsky's Angriff haben sich bei Weisskirchen einige hundert Mann Grenzer, — südlich davon beim Engpasse „na-Lokvi" 69 Serbianer aus dem Fürstenthume Serbien, unter Führung des tapfern Wassilie Welić (fiel 1849 bei Neusatz) im Lager gesammelt.

Bei Perlez organisirt der k. k. pensionirte Lieutenant Johann Drakulić ein starkes Lager und detachirt nach Jarkovatz kleine Posten. Zwischen hier und Weisskirchen sammelt der Bürger von Pancsova, Stanimirović und Nationalmajor Kojić, bei Alibunar ein Lager. In Pancsova war das Depôt.

Die Csaikisten besetzten unter Commando des Zaria Jovanović, genannt Ćića, die Römerschanze. Die Bewohner von Turia und St. Tomasch erhalten die Erlaubniss, die sehr vertheidigungsfähige Lage ihrer Ortschaften in Lager gegen die Ungarn umzuschaffen. Nebst dem Segen des Patriarchen führen die St. Tomascher auch Ein einpfündiges Geschütz im Triumpfe nach St. Tomasch.

In Carlowitz steht ein halbes Bataillon Peterwardeiner und ein Aufgebot; so in Bukovce und Kamenitz und ähnliche kleine Posten in Cserević, Illok und Dalja.

Die inneren Angelegenheiten der Grenzregimenter führte in Mitrowitz der Hauptmann-Auditor Theodor Radosavljević, in Titel Hauptmann Surducsky, in Pancsova der pensionirte Hauptmann Csavoschky.

Weisskirchen erklärte sich gleich im Anfange für das ungarische Ministerium.

Die Grenzer hatten Waffen, die fehlenden lieferte das Fürstenthum Serbien, ebenso die Gewehr- und Geschützmunition. Die Geschütze nahm man von den kaiserlich-königlichen Csaiken.

Sie wurden nothdürftig laffettirt, und mit Vorspannspferden bespannt. — Die Mannschaft hatte die eigene Hausmontour an. Die Verpflegung brachten die Gemeinden, ebenso die nöthigen Fuhren.

Der fühlbarste Mangel war an Offizieren. — Die im Lande verbliebenen k. k. Offiziere waren grösstentheils Opfer der politischen Verwirrung. Von den Uebrigen kam ein Theil nach Italien, der andere ging zum Ban, ein kleinerer blieb an Ort und Stelle, und harrte mit Sehnsucht der endlichen Lösung des Räthsels, um dann auch in die Reihen der einen oder der andern Partei zu treten.

Die versammelten Truppen mussten jedoch Führer bekommen. Patriarch Rajačić ernannte daher fähige Individuen zu National-Offizieren. Bei der späteren Reorganisirung der Bataillone wurden die würdigsten dieser — k. k. Offiziere. Einige traten in ihre früheren Verhältnisse zurück.

Bei der Schilderhebung der österreichischen Serben, des Thrones Recht, ihre Nationalität und ihre Kirche (denn letztere beide hatten schon in früheren Jahren so

manchen Druck von Seite der ungarischen Oppositions-
partei zu erdulden) zu vertheidigen, erklärte sich das
serbische Volk aus dem Fürstenthume, ihren Brüdern helfen zu wollen. Es kamen auch bei eingetretener Gefahr
mehrere hundert Freiwillige, und vertheilten sich auf die
verschiedenen Posten. Sie brachten eigene Waffen: eine
lange orientalische Flinte, zwei Pistolen im Gürtel, einen
Yatagan (ein langes Messer mit gespaltenem beinernem
Griffe). Die Führer mit krummen Säbeln statt Messer,
und so wie einzelne Berittene — mit eigenen Pferden.

Die grösste Unterstützung leistete uns die fürstlich-
serbische Regierung an Geld, Munition, Waffen.

Denn, theils war der Kriegsschauplatz von Wien zu
entfernt, theils auch konnte Minister Graf Latour nicht
gegen das verblendete Wiener Ministerium nach Herzens-
lust und seiner Unterthanenpflicht auftreten; zum Theil
aber auch fehlten ihm die Mittel, den österreichischen
Serben zu helfen: denn Marschall Radetzky, die Rüstun-
gen Bans und die Armee in Böhmen nahmen alle Vor-
räthe in Anspruch.

Der Feind hatte gleich im Anfange alle Festungen,
alles Material, alle in Ungarn garnisonirenden kaiserlichen
Truppen zur Verfügung. Einige örtliche Unruhen in den
serbischen Orten Kikinda, Ada und Mohol, die dabei vor-
gefallenen strafbaren Excesse, die zwar mit der allgemeinen, keineswegs aber ausschliesslich mit der politischen
Bewegung der übrigen südlichen Serben in Verbindung
standen, — geben sogleich Kossuth die Waffen in die
Hand. Den kaiserlichen Truppen zeigte er jene Unordnungen, geflissentlich sie mit den Absichten aller Serben

vermengend. — Die kaiserlichen Truppen, wie es sich
von selbst verstand, eilten solchen zu steuern.

Zu Werschetz, Becskerek, den beiden Becsej stan-
den feindliche Haupttruppen, bei Wlaikovatz, Neuzina,
Ecska, Földvar, Futok kleinere, — das Hauptlager bei
Verbasz, Kis- und O-Kér, vor den Römerschanzen bei
Temerin; Peterwardein und Essek hatten eigene Besatzung.
Letztere schwankte zwischen Pflicht und Verrath.

Im Rücken und unter dem Schutze dieser kaiserlichen regulären Bataillone war es nun dem Feinde möglich,
in der Hauptstadt und in den übrigen grösseren Orten
die Honvéds zu rekrutiren und zu üben. Ein grosser Theil
der uns gegenüber lagernden Regimenter war geneigt, die
Sache der Grenzer zu ergreifen; sie schienen es für eine
Unmöglichkeit zu halten, dass diese je fähig wären, ihrem
Schwure zuwider zu handeln. Aber sie sahen sich vergebens nach einem höhern kaiserlichen Offizier um, der
die Serben kommandirte, und der ihnen Garantien für
die Lauterkeit des Unternehmens böte.

Am Tage meiner Ankunft zu Carlowitz erhielt ich
das Kommando einer regulären Peterwardeiner Kompagnie
und den Auftrag, unverzüglich in das Perlezer Lager abzurücken. — In meiner Begeisterung wusste ich keine
bessern, als die Worte La-Rochejaquelins an seine Ven-
déer, an die Mannschaft zu richten.

Ich fuhr mit dem Dampfboot Donau abwärts, dann
in der Theiss aufwärts bis Titel. Ungefähr um Mitternacht langte ich über Perlez hinaus in dem Lager an.
Ausser einigen Wachen lag alles im tiefen Schlafe. Der
helle Mondenschein zeigte mir hie und da auf der Fläche

3*

umhergestreute Gruppen Schlafender, — es waren einzelne Gemeinde-Contingente, welche beisammen blieben.
Mit ehrfurchtsvoller Scheu näherte ich mich einem einzelnen kleinen Häuschen, einige Schritte abseits der Strasse
nach Ecska. Darin befand sich das Hauptquartier. — Mich
zu empfangen kam ein junger Mann, Namens Jellačić (er
kommandirte ein Bataillon) mir entgegen. Ich liess meine
Kompagnie halten, und ging ins Hauptquartier. Da lag
es vor mir im friedlichen Schlafe. Zuerst der Kommandant,
k. k. pensionirter Lieutenant Johann Drakulić, National-
Oberst und Gründer dieses Lagers. Nebenan der Artillerie-Kommandant Janković, ein junger hoffnungsvoller Mann,
dann der Kommandant der serbischen Kanoniere aus dem
Fürstenthume, Stefan Petrović. — Neben ihm der Kommandant der Serbianer, allgemein bekannt unter dem Namen „Kapetan Jancsa." Dieser Held focht schon an der
Seite der russischen Truppen bei Varna gegen die Türken. — In respektsvoller Entfernung davon ein Jüngling,
Paul Putnik, Nationallieutenant und Adjunant Drakulić's. —
Einige Schritte davon standen und schlummerten an Bäum-
chen gebunden der Führer Schlachtrosse.

Welch ein Kontrast mag zwischen diesem und dem
ihm gegenüber stehenden Hauptquartier Kiss's sein. — Ich
kehrte zu meinen Peterwardeinern zurück, und hiess sie
ausruhen. Auch ich lagerte mich, aber es war des Kriegers „erste Nacht im Felde." Ich schlief nicht.

Meine jugendliche Phantasie kreiste in weiter, weiter
Ferne. Die vom Monde beschienenen Menschengruppen
— als wären es Figuren in Stein gehauen, ihr harmlo-
ser Schlaf, während doch die Waffe neben ihnen liegt,

die Kühnheit wie die Folgen unseres Unternehmens, dabei die glänzenden Bilder gewonnener Treffen, in denen
ich den Meinigen voranstürme, da einem Verwundeten
beistehe, dort schuldlose Familien vor Raub, Mord und
Plünderung, vor aufgehetzten Leidenschaften schütze, —
dann die Erkenntlichkeit, die Liebe derjenigen, die sich
meiner Führung anvertraut, das Wohlwollen meiner Höhern,
ja sogar — da schauerte es mich vor freudiger Erwartung — die Huld meines Kaisers und Herrn selbst, das
Entzücken meiner theuern Freunde, ihr Stolz auf ihren
Freund und — — — — mein Geist schweifte ins Un-
endliche. Aber nur glückliche Bilder beschäftigten ihn.
Welches unbelastete Gemüth möchte auch bei des
Lebens Morgenröthe an trübe Stunden denken! Am lieb-
sten gab ich mir die Rolle des Nikolaus Zrinyi. So eingeschlossen vom Feinde zu sein, Alles in Allem den Seinigen, ein wichtiger Halt im Vaterlande, aller Guten Blicke
auf sich gerichtet, und der letzte am Platze fallend, —
ja, was wohl Schöneres bietet des Kriegers Leben!

Des Morgens überschaute ich das Lager. Mir kam
alles vortrefflich und reichlich ausgestattet vor. — In Allem
gibt es eine Kindheit, ein Mannes- und Greisenalter, —
warum nicht im Kriegführen?

Die Mannschaft zählte an 5000 Grenzer und 300
freiwillige Serbianer. Unter den Bewaffneten gab es Jünglinge und Greise. — Meines Vaters Kriegsgefährten von
Leipzig und meine Mitschüler standen in einer Reihe.
Ein sechspfündiges und zwei dreipfündige Geschütze, mit
Vorspannspferden bespannt, diessmal abgeprotzt, stierten
in die Weite. So oft ein solcher metallener Kriegsgenosse,

wenn er auch nur einpfündig war, die Zahl vermehrte, empfing man ihn in vollkommenster Parade und im Triumpfe.

Mit diesen winzigen Kräften gebot Drakulić dem Obersten Kiss Halt, als derselbe im Begriffe war, in's Deutschbanater Regimentsgebiet zu rücken.

Der erste Kampf soll jedoch morgen stattfinden.

Patriarch Rajačić, Graf Albert Nugent und Stratimirović erschienen zu einem Kriegsrathe. Es ward der Angriff auf das feindliche Lager bei Ecska beschlossen. Man sah ein, dass das durch begeisternde Aufrufe gesammelte Lager in der Unthätigkeit bald erschlaffen, und sich nach Hause sehnen wird

Die Offensive hätte die Einnahme Gross-Becskerek's zum Zwecke, über welches man mit dem grossen serbischen Distrikte bis an die Maros in Verbindung getreten wäre.

Gefecht bei Ecska.

Am 10. Juli Früh drei Uhr waren wir unterwegs gegen Ecska. Kapetan Jancsa führte die Serbianer als Vortrab. Ich kommandirte ein Avantegarde-Bataillon, Drakulić folgte mir als Unterstützung; Stratimirović kommandirte die Reserve.

Links lehnte sich unser Flügel an den Bega-Kanal.

Eine halbe Stunde herwärts Ecska vereinigen sich die Strassen von Perlez und Farkaždin, eine steinerne Bildsäule steht auf diesem Punkte; einige Schritte vor-

wärts ist eine steinerne Brücke über eine zur Zeit der
Uebersehwemmungen mit Wasser gefüllte, jetzt aber völlig trockene Niederung, die sich im Halbkreise um das
Dorf südlich biegt. Rechts endet diese Niederung auf
zwei tausend Schritte mit Weingärten, an welchen vorbei die Strasse von Idvor nach Ecska führt. Links vom
Bildstocke dreissig bis vierzig Schritte mündet sie in den
vier Schuh tiefen, fünf bis sechs Klafter breiten Bega-
Kanal. Vor uns lag jenseits der Brücke die von unserem
Standpunkte tiefere, freie Ebene und das Dorf. Links parallel mit der Strasse zum Dorfe ist der Kanal sichtbar,
längst dessen jenseitigem Ufer dichte Weidenbäume die
Aussicht sperren.

Dorthin von unserm höherm Ufer über die Baum-
wipfeln flogen unsere ersten Dreipfünder-Kugeln auf eine
Husaren-Abtheilung. Kapetan Jancsa flog wie beflügelt
dahin, ungeduldig des Kampfes. Gerade als die Avantgar-
de bei der Bildsäule ankam, entwickelte sich Kiss in Front.

An der Strasse vor dem Dorfe sah man eine Infan-
terie-Abtheilung. Etwas rechtsab der Strasse hinter einer
Flesche drei sechspfündige Geschütze, nun kam die Front
eines Husaren-Regiments, drei Divisionen stark; am äussersten feindlichen linken Flügel stand eine Eskadron
Schwarzenberg-Uhlanen.

Stephan Petrović fuhr sein Geschütz auf dem Hügel
auf; von beiden Seiten und fast gleichzeitig wurde das
lebhafteste Geschützfeuer eröffnet. Ich marschirte in geschlossener Bataillons-Kolonne sogleich vorwärts in die
Niederung, blieb daselbst geschlossen und gegen das Ar-
tilleriefeuer gedeckt, bis die Geschütze ausgetobt haben,

während vor mir die Serbianer eine Plänklerkette am
Rande der Niederung formirten. Vier Stunden währte die
Kanonade. Eine Husaren-Division sprengt zur Attaque
vor, unterlässt sie aber wieder. Zwei neue Geschütze
placirt der Feind mitten vor dem Eingange in den Ort.
Ich entsende meinen Bataillons-Adjutanten Paul Putnik zu
Drakulić um Befehle. Da er jedoch von diesem zurück-
gehalten wird, und nicht zurückkömmt, Kapetan Jancsa
fast auf Pistolenschussweite vor der Husarenfront allein
auf und ab ritt, kommandire ich „Marsch!“ und nehme
eine hinter der Mitte der Husarenfront sichtbare Windmühle zur Direktion. Rechts hängten ·sich mir die Serbianer im Schwarme an, links in gleicher Höhe rückte
die Peterwardeiner reguläre Kompagnie unter Kommando
ihres Feldwebels auf der Strasse gegen Ecska vorwärts.

Doch unsere Truppen waren nicht einexerzirt; sie
kamen von der Feldarbeit. Während dem Vormarsche
verwandelte sich meine geschlossene Kolonne in einen
Keil. Jetzt war nichts anderes zu machen, als in dieser
Form den Marsch fortzusetzen. In der Nähe der Husarenfront liess ich das Feuer eröffnen. Die Husaren spreng-
ten fünf bis sechs hundert Schritte zurück, und machten
wieder Front. Wir waren so weit vorwärts, dass das
hinter der Flesche placirte feindliche Geschütz uns in die
Flanke fassen konnte. Die erste Kugel sauste bei meinem
Gaul vorbei, und verwundete Einige von der Zrepajer Kompagnie, die an der Tête sich befanden. Uebrigens waren
die Kompagnien durcheinander, und vorne waren wohl
die Tapfersten und Behendsten aller Kompagnien, rückwärts die minder Herzhaften oder schlechtern Fussgeher.

Die Schmerzensrufe der ersten Verwundeten machten die Mannschaft stutzen, aber wir eilten unaufgehalten gegen den Feind. Auf zwei hundert Schritte bei der feindlichen Front liess ich Sturmstreich schlagen, und unter „Hurrah!" stürmen. Abermals wichen die Husaren bis an die Windmühle. Erschöpft holten wir Athem. Ich sah mich um nach der Unterstützung. Links hatte ich die Verbindung mit der Peterwardeiner Kompagnie verloren; sie war auf der Strasse aufmarschirt, aber in einiger Entfernung zurück geblieben.

Rechts ist Jancsa fort in gleicher Höhe. Aber rückwärts, welches Bild! das weite Feld besäet mit Menschen, einem Ameisenzuge ähnlich. Nirgends eine geschlossene Abtheilung. Ein einziger Menschenknäuel ist in dieser Wüste durch die „Fata morgana" sichtbar. Es sind Durstende um den einzigen Brunnen versammelt. Am Wege von Idvor eine Wagenkolonne, — das Gemeindeaufgebot von Idvor und Sakula, herbeigeeilt, um mit ihren Kirchenmörsern dem Feinde Schrecken einzujagen. An ein weiteres Vorrücken war wohl nicht mehr zu denken. Ich sammelte mein Bataillon, oder einen Theil davon in einen dichten Klumpen und marschirte zurück, aber im Innern überzeugt, dass auch kein Mann von den Husarenhieben verschont bleiben wird. Dank sei ihrer Unentschlossenheit oder Grossmuth, wir kamen glücklich bis zur Bildsäule.

Meine Mannschaft lief zum Brunnen, ich traf Drakulić, Befehle wegen Fortbringung der Todten und Verwundeten ertheilend. In unserer linken Flanke unterhielten feindliche Plänkler von den Weidenbäumen herauf ein lebhaftes Feuer.

4

Das Schlachtfeld sah einem jüngstverlassenen Ball-
saale gleich. — In's Lager kehrte jeder einzeln oder in
kleineren Partien zurück. Es war vier Uhr Nachmittags.

Wir hatten 17 Todte und 30 Verwundete. Den
hoffnungsvollen Artillerist Janković zerschmetterte dieselbe
Kugel, welche zwei Bespannungspferde und ihren Lenker
tödtete. Er avancirte mit den zwei dreipfündigen Geschützen auf der Strasse zu kühn, und es traf ihn die
Kugel des enfilirenden Geschützes. Nationaloffizier Protić
wurde das Bein zerschmettert.

Warum der Angriff scheiterte, ersieht der freund-
liche Leser aus der Beschreibung. Warum aber die Husaren nicht einhieben, wusste ich mir nicht zu erklären.

Die Eskadron des Regiments Schwarzenberg-Uhlanen
enthielt sich absichtlich jeder Theilnahme am Kampfe,
weil sie die Grenzer für kaiserliche Truppen hielt.

Einige Zeit darauf entschied sich das vortreffliche
Offiziercorps dieses Regiments, ihren Obersten B. Blomberg an der Spitze, für die gute Sache, und wir haben
Gelegenheit, die Disciplin eines Regiments zu bewundern,
welches heute mit den Ungarn gegen die Serben, und
24 Stunden darauf auf des Obersten Befehl mit den Serben gegen die Ungarn fechtet.

Wie wir später erfuhren, war Kiss an diesem Tage
so verzagt, dass er bereits den Befehl zum Rückzuge nach
Temesvar gab.

Unser Rückmarsch lies ihn in seinen bisherigen Stellungen.

Mich freuete es, dass wir nicht Ecska und Becskerek genommen haben. Der Kampf war zu neu, wir Offi-

ziere zu wenig noch Herren der Truppen, diese an blin-
den Gehorsam noch nicht gewöhnt. Die Serbianer aus
alter Praxis im Kriege mit den Türken halten sich stets
den Grundsatz des Mittelalters gegenwärtig, dass Kriegführen, Erobern und Plündern Eines sei. Wir würden
die Zügel aus der Hand verloren haben; Becskerek wäre
gewiss solchem Schicksale nicht entgangen.

Am Abende des 10. war ich in Perlez. Um 10.
Uhr kam ich ins Lager zurück. Da schlief vom Kommandanten abwärts bis zur äussersten Vedette Alles wie hin-
geschlachtet. Ein kräftiger Angriff und im Banate ist die
Bewegung der Serben im Entstehen erstickt.

Wir hatten tropische Hitze, keinen Schatten und
kein Wasser. Pfützen oder die kaffeebraune Bega löschten unsern Durst.

Drei Tage nach dem Gefechte ging ich nach Carlowitz. Von hier ins Csaikisten-Bataillon, einige Stellungen zu besichtigen. Bei Kać traf ich den wackern Csicsa.
Er hielt Ordnung und Mannszucht in seinem Lager.

Die Römerschanze ist eine bei drei Meilen lange
Linie, und verbindet die Theiss vom Anfange ihres östlichen Laufes zwischen Földvar und Kać mit der Donau
zwischen diesem und Neusatz.

Ihre Form ist noch vollkommen erhalten. Natürlich
sind die Böschungen nicht mehr so scharf. Die Brustwehre ist bei 3° hoch und 6° breit. Die Csaikisten haben die innere Graben- und äussere Brustwehrböschung
etwas steiler gemacht. Bei Kać, Jarak, Temerin und Csurug sind noch von den Römern für die Kommunikatio-
nen Thore offen gelassen. Bei Gospodince durchschnei-

det ein gegen Žabalj sich schlängelndes Sumpfwasser senkrecht die Römerschanze.

Hinter dieser starken Brustwehre standen nun die Csaikisten zu kleinen Trupps von 20—30 Mann in gleichen Zwischenräumen von einander als Wache, und weiter rückwärts wieder Abtheilungen oder eigentliche Lager zur Unterstützung der bedrohten Punkte.

Csicsa hielt den linken, k. k. Hauptmann Surducsky bei Csurug den rechten Flügel. Letzteren traf ich in demselben Orte.

Einige Tage vorher vertrieb Surducsky durch einen kühnen Angriff die Ungarn aus Földvar und nahm den Ort. Der Feind wusste gar nicht, was er mit Földvar verlor. Der Ort liegt an der Einmündung des Franzenskanals in die Theiss. Ueber ihn geht die kürzeste und eigentliche Verbindung von Szegedin und Becsej nach Peterwardein. Beide Endpunkte als strategisch wichtig vom Feinde besetzt. Wenn er noch Földvar behält und verschanzt, so schwebt unser Lager bei St. Tomasch und Turia in der Luft, und die Römerschanze liess sich von hier aus leicht beherrschen.

Am 20. Juli kam ich ins Perlezer Lager. Zu meiner Freude fand ich einen Brief daselbst vom Freunde Gedeon Zastavniković aus Agram. Er forderte mich auf, dahin zu kommen, denn in Ban's Armee gibt es vollauf zu thun.

Wie ehrenvoll auch der Antrag war, und wie gefahrvoll, ja hoffnungslos das Ueternehmen der Serben schien, ich gewann sie aus dem ersten Treffen lieb, ich konnte mich nicht mehr trennen.

Zur Zeit meiner Abwesenheit machte Drakulić eine Expedition gegen die Gemeinde Uzdin, die von einem Böswilligen verleitet, nicht nur unthätig, sondern auch feindlich den Serben engegenstand.

Innerhalb des Deutschbanater Grenzregiments-Bezirks liegen ausser den serbischen noch mehrere Orte deutschen, zwei slovakischen, Uzdin romanischen, und Debeljacsa — ungarischen Elementes.

Anfangs liess man diese Gemeinden in ihrer Neutralität. Die Zeitereignisse überzeugten viele derselben von der wahren Sachlage. Nur Uzdin, Kovacsitza und Padina blieben hartnäckig theilnamslos. Debeljacsa vermass sich sogar, mit Kiss in geheime Korrespondenz zu treten. Unsere Patrouillen fingen eine Deputation auf, — die zwei Geschütze von Kiss verlangen soll. Länger durfte man seiner selbst willen diese Feindseligkeit im Rücken nicht dulden.

Nachdem die Strafe Uzdin's ein warnendes Beispiel war, trug ich mich an, persönlich eine Unterredung mit den Ortsältesten jener Ortschaften zu pflegen, um sie zur Theilnahme am Kriege zu bewegen. Ich fuhr mit vier Mann Begleitung nach Kovacsitza. Beim Pastor daselbst versammelten sich die Ortsältesten, und der Vertrag war bald abgeschlossen. Sie sollen vor der Hand noch nicht Soldaten geben, sondern bloss Brod, Fourage und Vorspann, als Beweis ihrer guten Gesinnung, ins Lager liefern. — Im Augenblicke des Unterzeichnens kamen 20 Mann aus Debaljacsa, zufällig Subjekte der schlechtesten Konduite. — Sie drohten Kovacsitza von allen vier Seiten anzuzünden, wenn die Bewohner den

Vergleich eingingen. Ich entfernte mich sogleich unter
dem Schutze der Aeltesten.

Am 11. Juli verunglückte das Lager bei Werschetz.
Dessen unmilitärische Führer wagten sich zur Offensive.
In der Nähe von Werschetz stiessen sie auf die Husaren. Der Kommandant Tadić fiel neben seiner Kanone,
die beiden Unteranführer Stanimirović und Kojić wurden
als Gefangene nach Temesvar geschleppt, und als Rebellen durch ein ungarisches Kriegsgericht zum Tode verur-
theilt, und das Urtheil vollzogen.

Das Lager bei St. Tomasch wurde am 10. Juli
vom Feinde heftig und mit Uebermacht angegriffen. Theodor Bosnić vom Peterwardeiner Regimente vertheidigte
es heldenmüthig.

Von Jarkovatz kamen öfter Klagen, welchen Anfäl-
len die Bewohner bei ihrer Feldarbeit von Seite des
Feindes ausgesetzt sind. — Drakulić gab mir daher zwei
Kompagnien und zwei dreipfündige Geschütze mit dem
Auftrage, die Linien des Ableitungskanals bei Jarkovatz und Margititza zu decken. Kaum war ich eingerückt,
als auch schon der Befehl kam, bei einer zweiten Expedition gegen Uzdin auf den morgigen Tag von Osten her
mitzuwirken.

Nach Zurücklassung kleiner Posten fuhr ich mit 6
Zügen und dem Geschütze (denn in jedem Lager standen
80—100 Vorspannswagen, unentgeldliche Leistungen der
Gemeinden, die nach Bedarf eine, zwei oder drei Kompagnien dem nächsten bedrohten Lager im Fluge zu Hilfe
brachten,) gegen Uzdin, liess meine Mannschaft, ausserhalb des Ortes zur Vermeidung von Unordnungen oder

gar Plünderung lagern, — und ritt, da sich der Ort schon ergeben hatte, allein hinein. Von hier, statt wieder retour, versetzte ich mein Lager nach Samosch, um so den widerspänstigen Ortschaften näher zu sein. Ich wollte noch einmal in Güte eine Uebereinkunft versuchen. Ich beschied die Ortsältesten von Padina zu mir, und es gelang mir sowohl diese, als auch die Gemeinde Kovacsitza ohne Blutvergiessen auf unsere Seite zu bringen.

Wohl dürfte der Erfolg dem in Padina lebenden ehemaligen Feldwebel Petras, einem braven Manne und Freund meines Vaters, zumeist zugeschrieben werden.

Angriff auf Neuzine
am 5. August.

Nun richtete ich meine Blicke auf das feindliche Lager bei Neuzine. Indem ich Jarkovatz und Margititza stark besetzte, nahm ich 30 Mann meiner Division, 30—40 Mann Serbianer und 30 Grenzer zu Pferd (letztere stellte ich unter das Kommando des ehemaligen Korporalen Wasa Csakovan aus Margititza), dann ein dreipfündiges Geschütz Sämmtliche Infanterie liess ich auf Wagen führen, und nun brach ich auf gegen Neuzine.

Es war Mittag. — Vom Feinde sollen 1500 Mann Nationalgarden unter Kommando des Grundherrn Karacsonyi daselbst stehen. Die Reiter durchstreiften, aufgelöst als kleine Patrouillen, den Terrain, die Infanterie bildete die Haupttruppe. Der Dreipfünder an der Tête. — Im Nu war des Feindes erste Linie, eine Stunde her-

wärts Neuzine, geworfen. Ich hielt meine Direktion links,
um meinen Rückzug zum Kanale längs dem Temesflusse
frei zu haben. Die Vorpostenreserve, um ein Zelt in
der Stärke einer Division geschlossen aufgestellt, floh erschreckt von einigen Kanonenkugeln. Am Eingange des
Dorfes von der Bottoscher Seite wollte der Feind sich
noch sammeln, aber ich liess ihn nicht zur Besinnung
kommen. Bald war ich mitten im Dorfe, meine Avantegarde dem Feinde hart zusetzend. Ich ordne mein Häuflein, und ermahne es nicht zu plündern. Plötzlich be-
fällt mich ein Unwohlsein. Es war Fieber. — Da kommt
die Nachricht: eine feindliche Division will mit ihrem
Kommandanten sich ergeben. Ich möge nur vorwärts
gehen, um sie zu entwaffnen. In diese Verlegenheit —
mit 50—60 Mann dreihundert Gefangene zu eskortiren,
durfte ich nicht gerathen. Ich harrte noch etwas aus,
wohl wissend, dass die beiderseitige Geduld nicht lange
währen wird. Wie vorausgesehen, bricht die feindliche
Division aus dem Hofe, und flieht über die Temesbrücke.
Am Ufer des Flusses angelangt, schicke ich den Fliehenden einige Kugeln nach, und treffe dann die weitern
Dispositionen.

Eine Kompagnie wird von Jarkovatz herbeschieden,
Drakulić die Anzeige zur Verstärkung des Punktes gemacht. Wir eroberten zwei ungarische Nationalgarde-
Fähnlein und viele Gewehre. Rohitscher Sauerwasser in
einer Kammer, kam dem Hauptquartiere — der Vorrath
an Brod meiner Mannschaft zu Gute. Mein Fieber warf
mich vom Pferde, ich ward bewusstlos ins nächste Haus
getragen. Wasa Csakovan übernahm das Kommando.

Zur Zeit der Abenddämmerung erwache ich von meinen Fieberphantasien. Keine Seele bei mir. Die Bewohner des Hauses davon, mein Zimmer von den Flammen des brennenden Dorfes geröthet. Lebhaftes Kleingewehrfeuer dringt an mein Ohr. Das Geplänkel kam näher und näher. Der Feind versuchte durch einen Anprall Neuzine wieder zu nehmen. Aber der tüchtige Wasa Csakovan war überall, wo die Gefahr am grössten. Er hielt Stand. Die leer gewordenen Häuser wurden ungeachtet meines strengsten Verbotes von unserer Mannschaft angezündet. Völlige Nacht wurde es, da erscheint mir ein Retter. — Alexander Živanović, der Lagerkourier, der brauchbarste in diesem Fache, energisch, findig, abgehärtet, durchkreuzte er Syrmien, und das südliche Banat wie der Blitz in allen Richtungen. Ueberall und nirgends war er. Mir war er stets ergeben, und es fügte sich, dass derselbe gerade in jenen Augenblicken mir erschien, wo ich ihn wirklich brauchen, oder wo er meiner Person unbezahlbare Dienste leisten konnte. So in diesem Augenblicke. Er lud mich auf seine Schultern, legte mich in seinen Wagen, und fort ging's im Gallopp durch's brennende Dorf nach Bottosch. Auch mein Diener mit meinem Reitpferde fand sich aus dem Gewirre heraus.

Die frische Luft stärkte meine Geister. Eine liebenswürdige Familie zu Bottosch, Bukovala, nahm den Erkrankten in Pflege. Sechs volle Tage brachte ich auf dem Krankenlager zu.

Mittlerweile reiste Drakulić durch nach Neuzine. Er traf Anstalten zur stärkeren Besetzung des Ortes. Ein eigener Kommandant ward für den Platz ernannt. Am dritten Tage meiner Krankheit trieb mich die Kanonade aus dem Bette. Ich fuhr nach Neuzine. Der Feind feuerte von Sarcsia herüber.

Ich ging nach Boka, und entwaffnete die Bewohner, doch überwältigt mich abermals das Fieber.

Am 7. August greift der Feind Neuzine energisch an, — und trotz heldenmüthigster Gegenwehr geht der Ort für uns verloren und vollends in Flammen auf. Wir hatten grossen Verlust. Ein junger Kaufmann, Papila aus Jarkovatz, schloss sich den Truppen als Freiwilliger an. Als er sieht, dass der Feind im Rücken erscheint, wirft er sich mit sechs Serbianern in ein günstig gelegenes Haus, und vertheidiget dieses so lange, und verwehrt dem Feinde das Vordringen, bis unsere Truppen aus der vordern Stellung ihren Rückzug ungefährdet bewirkt haben. Bei dieser Gelegenheit erhält Papila einen Flintenschuss durch die Kniescheibe.

Ich sehnte mich zu meiner gänzlichen Erholung in die Gebirge von Carlowitz, und ging auch dahin.

Ich kann von diesem Kriegschauplatze nicht scheiden, ohne noch eines tapferen Mannes, Wasa Milovanov aus Bavaniste, zu gedenken. In jedem Gefechte voran, hatte er noch die bewundernswerthe Entschlossenheit besessen, wann ich nur wünschte, Nachts in's feindliche Lager nach Ecska zu gehen, und mir die genauesten Nachrichten über Stärke und Stellung des Feindes zu bringen. Er erbath sich stets die Erlaubniss, allein, ohne jede Begleitung solches zu vollführen.

Zwei kaiserliche Stabsoffiziere entschieden sich endlich, die Parthei der Serben zu ergreifen. In Carlowitz sah ich sie zum erstenmale. K. K. Oberstlieutenant Ferdinand von Maierhoffer, General-Consul zu Belgrad, und Major Csorić vom Peterwardeiner Regimente. Endlich konnten sich die noch in Unthätigkeit harrenden Offiziere ohne Bedenken entschliessen, konnte eine Organisirung der Streitkräfte vorgenommen werden, was das grösste Bedürfniss in dem Augenblicke war. Da ich in meiner Rekonvalescenz auch im Lager mir zu thun machte, so will ich die „Einschliessung" der Festung Peterwardein in der ersten Periode des Krieges hier beschreiben:

Carlowitz, ein Städtchen mit 5000 Einwohnern, liegt 6000 Schritte südlich der Festung. Die Donau bildet mit ihrem nordöstlichen Laufe von dem 3000 Schritte fernen Kamenitz zwischen Peterwardein und Neusatz hinaus, dann ihrem südlichen Laufe bis Carlowitz einen spitzen Winkel; die sogenannte Eugeni-Insel — dessen Scheitel. Auf dem nördlichen letzten felsigen Ausläufer des Fruschkagora-Gebirges liegt die Festung Peterwardein, und eine — senkrecht die tiefen gegen die Donau fallenden Thäler und Schluchten durchschneidende Linie — von Kamenitz über Bukovce nach Karlowitz, umgibt im Bogen die Festung. Diese Linie ist sowohl durch die drei Ortschaften, wovon insbesondere die Endpunkte vertheidigungsfähig sind, als auch einen hier sich erhebenden Absatz der Fruschkagora, dessen wichtigster Punkt der „Vezirac", markirt. Ueber Kamenitz führt die Hauptstrasse in einem immerwährenden Defilé, nördlich von der Donau — südlich von der Fruschkagora und ihren Wäldern begrenzt, nach Essek. Ueber Carlowitz führt eine andere Strasse, gleichfalls im Engpasse zwischen der

Donau und den letzten Ausläufern des erwähnten Rückens eingeschlossen, nach Semlin und Mitrowitz. Carlowitz liegt an zweien hier mündenden Schluchten. Die Höhen, westlich knapp am Städtchen, dominiren, und müssen alle genommen sein, bevor man Herr des Ortes wird. — Auch selbst dieser genommen — liegt der Höhenrücken „Banstol" 2000 Schritte südlich senkrecht auf die feindliche Vorückungslinie. Die Strasse geht nun von dieser Höhe links nach Semlin und Belgrad, rechts nach Ruma, Essek und Mitrowitz.

Strategisch hätte der Feind mit der Forcirung und Einnahme dieser Punkte nicht viel gewonnen. Der Umfang Syrmiens ist durch die Save zu eng begrenzt. Dort gegen Westen zieht sich der schmale Streifen bis Essek hin. — Aber der moralische Gewinn wäre der, dass mit einem Schlage der Sitz des kirchlichen Oberhauptes zerstört, dass die Quelle der serbischen Schilderhebung ausgetrocknet worden wäre. Einige kleine Abtheilungen des Feindes hätten hingereicht, die Donau und Save zu beobachten, 30.000 Mann Kerntruppen konnte nun der Feind aus Essek westwärts gegen Agram disponiren. Und Ban Jellačić war erst halb gerüstet. —

Jene westlich liegenden Höhen bei Carlowitz waren also mit Redouten versehen und besetzt. Bei Bukovce und Kamenitz hielt man Verschanzungen für gar nicht nöthig. Kleine Trupps, 60—100 Mann Serbianer und Peterwardeiner, und ihre Tapferkeit, schlugen heldenmüthig jeden Ausfall zurück.

An die Verschanzungen bei Carlowitz wagte sich der Feind nicht. In der Linie zwischen dieser Stellung

und Kać im Csaikisten-Bataillon, in der Nähe der Eugeni-Insel, befand sich eine aus grossen Fruchtschiffen
gebildete Wasserbarikade, und eine ganze, vollkommen
ausgerüstete Flottille beobachtete die Festung von der
Wasserseite.

Um nicht unthätig zu sein, erhielt ich meine Eintheilung in das Lager von Weisskirchen.

Der k. k. Oberlieutenant Peter Bobalić hatte bei
Vracsevgaj ein Lager bezogen, und mit sehr vieler Um-
sicht die militärischen Anstalten getroffen. Im Vereine
mit den fürstlich-serbischen Senator und Obersten Stefan P. Knitjanin, der jüngst das Kommando sämmtlicher
freiwilliger Serbianer übernommen, und dessen Lager
südlich Weisskirchen an der Cserna bei Kusić war, griff
im Anfange August Bobalić die Stadt Weisskirchen an.
So kühn die Unsrigen vordrangen, mussten sie doch alle
Vortheile wieder aufgeben. Einige Tage darauf hielt Oberstlieutenant Maierhoffer mit k. k. Obersten Baron Blomberg,
Kommandanten des Schwarzenberg-Uhlanenregiments, eine
Unterredung. Zeugen war Bobalić, Albert Graf Nugent,
dann von der andern Seite einige Weisskirchner. Letztere sprachen in wenig respektsvollem Tone ihre Zweifel über alles, sogar über die Echtheit der Person Mai-
erhoffers aus. — Sie blieben unwandelbare Freunde Kossuth's. —

Knitjanin und Bobalić rüsteten sich zu einem zweiten Angriff, und ich beeilte mich mitzufechten. Am 26.
August kam ich nach Vracsevgaj. Im Lager herrschte
musterhafte militärische Ordnung und grosse Rührigkeit.
Die Kräfte erhielt ihr Kommandant in steter Spannung.

Vracsevgaj ist ein unhaltbares Dorf in der Ebene, $\frac{3}{4}$ Stunden westlich Weisskirchens an der Strasse nach Pancsova. Rechts fliesst die Cserna von Kusić her, wo Knitjanin stand, abwärts in die Donau. Links 2000 Schritte liegt das Dörfchen Rothkirchen längs dem Abhange eines Plateau, welches in östlicher Richtung bei Weisskirchen vorbei aufwärts sich hinzieht. Dieser Abhang ist mit Reben bepflanzt. Auf dem Plateau geht die Strasse nach Werschetz. Bobalić's Lager war daher unmittelbar vor Vracsevgaj auf der Seite nach Weisskirchen, einige Redouten waren gerade im Bau begriffen. Am Plateaurande bei Rothkirchen lagerte k. k. Oberlieutenant Thimotheus Gjurić, die linke Flanke Bobalić's sichernd, und die Strasse von Werschetz beobachtend. Sein Lager war drei Kompagnien stark. Weisskirchen hatte mit Oravitza freie, mit Werschetz bedingte Verbindung. Hauptmann Madersbach war Stadt-Kommandant.

Auf dem Plateaurande vor dem Zugange von Werschetz, also auf dem wichtigsten Punkte, hatte der Feind eine Feldschanze erbaut, und sie zum Schutze gegen die versengenden Sonnenstrahlen und zum Theil gegen unsere Geschosse mit einem Bretterdache versehen.

Zweiter Angriff auf Weisskirchen.

Am 28. August 1848 geschah der zweite Angriff. Bobalić rückte mit 4 Geschützen und vier Kompagnien auf der Hauptstrasse von Vracsevgaj vor, — ich mit zwei Kompagnien zur Deckung seiner linken Flanke von

Rothkirchen, mein linker Flügel an den oben erwähnten
Abhang gelehnt. Gjurić mit drei Kompagnien und 80
Mann mit Nugent gekommener Croaten auf der Wer-
schetzer Strasse auf jene Redoute zu. Knitjanin von
Kusić aus.

Ich gelangte auf 200 Schritte vor die Stadt, und
ohne zu feuern, warf ich mich mit einigen 20 Mann in
ein rechts vom Eingange stehendes Haus. Vor uns war
der Eingang durch Erdaufwürfe gesperrt, nicht weiter
als 50—60 Schritte, und eine Front fester mit Ziegeln
gedeckter Gebäude dehnte sich 200 Klafter rechts hin
bis zur Hauptstrasse nach Vracsevgaj aus. Parallel mit
dieser Front lief von dem von mir besetzten Hause ein
mit Strauchwerk und Dornschlähe bewachsener tiefer
Graben in derselben Länge. Links auf 100 Schritte erhob sich das Plateau. Der Terrain hinter mir war eben
und theilweise mit Mais und Weingärten bedeckt. Als
ich mich umsah, war meine Division ohne allen taktischen Verband in dem hohen Mais zerstreut — sich vor
den Flintenkugeln zu bergen. Aus dem Häuschen unter-
halten meine 20 Mann ein lebhaftes Feuer, das der Feind
aus den Gebäuden erwiederte*). Ich wartete auf die
Erfolge von rechts und links, um dann in gleicher Höhe
mit vorzurücken. Das Plänkeln dauerte ungefähr eine Stunde.
Bobalić's Geschütze beschossen die Stadt. Mir gegenüber
erschien der Feind mit einem Dreipfünder und machte

---

*) Hier konnten wir in der Gebäude-Vertheidigung etwas Neues
lernen, indem die feindlichen Schützen auf dem Boden der Häuser postirt,
einzelne Dachziegeln erhoben, auf uns ihre Stutzen abfeuerten, und den
Ziegel wieder schlossen.

einen Ausfall mit einer Kompagnie Infanterie. Die geringe Besatzung des Gebäudes, wovon vorher schon vier
Mann verwundet abgeführt wurden, verlor sich, und ich
sah mich plötzlich mit einem braven Serbianer allein im
Hause. Der Feind fasste mich in der linken Flanke, und
beschoss mit Kartätschen die Fenster des Hauses. Ich
sprang durchs Fenster mit meinem Begleiter und wandte
mich südlich längs jenem Graben, um so zu Bobalić zu
kommen. Der Weg ging durchs lebhafteste Kreuzfeuer.
Nach eininigen Schritten wird der Serbianer in's Knie
verwundet. Mir war es unmöglich, ihn hilflos da zu lassen, daher lud ich ihn auf meine Schultern, vertraute
auf Gott, und ging langsamen Schrittes. In der Mitte
der endlosen Linie flehte ein zweiter im Graben lie-
gender verwundeter Grenzer, ihn auch noch aufzunehmen. Das war doch eine Unmöglichkeit, und ich ver-
sprach ihm, bald zu Hilfe zu kommen. Glücklich erreichte
ich Bobalić an der Strasse. Auch der zweite Verwundete
ward herausgeführt.

Ein Stillstand, ein momentanes Ruhen der Waffen. — Zu Zeiten unterbricht ein Kanonenschuss die
Stille. Es war ein brennender Mittag. Bobalić stand allein
neben seinem Geschütze. Die Seinigen nach allen Richtungen zerstreut: einige schützten sich gegen des Feindes
Kugeln, andere löschten den Durst mit den köstlichen
Trauben. Von Knitjanin wussten wir nichts.

Nach einiger Zeit kam die Kunde: Gjurić sei schwer
verwundet, die Seinigen schon zurück. Gjurić um seine
Mannschaft anzufeuern, stürmte voran gegen die Schanze. Wenige Schritte davor stürzt er, ins Knie getroffen,

zu Boden, die Seinigen machen Kehrt. Sein heldenmü-
thiger Adjutant Theodor Bogdanović — National-Lieute-
nant, — ging entschlossen vorwärts, und schleppte mit
Hülfe der zwei Tapfersten aus des Gjurić Lager: Wassilie Welić und Theodor Maximović, den verlassenen Kommandanten, glücklich aus dem Kugelregen.

Indessen sammle ich meine Mannschaft, und löse
sie längs eines Grabens in eine Tirailleurkette auf.

Der Feind übergeht zum Angriff. Er stürzt von
der Höhe auf unsere linke Flanke herab. Schrecken,
Unordnung, Flucht. — Aus Ehrgefühl ging ich, längst
schon vereinsamt, langsam zurück, während der Feind
im wahren Sinne des Wortes eine Hetzjagd auf mich
machte. Mein Diener ritt heran mit meinem Pferde, er
kam in meine Nähe. — Er sah mich nicht; das feindliche Feuer war so heftig, dass er wieder umkehrte, und
im Fluge davon ritt.

Ich stürzte zwischen den Weinstöcken zusammen,
und hörte meine Verfolger rufen: „Na, den han wir!"
Mein Entschluss war gefasst. Dem niedrigen Spotte zügel-
loser Leidenschaft wollte ich nie anheimfallen. Ich nahm
mein Pistol mich zu erschiessen. Da werde ich aber gewahr, nicht verwundet zu sein. Ich raffe mich auf, und
wieder ging die Hetze an. Doch bald barg mich das
Maisfeld dem Auge der Verfolger. Ohne Zweifel waren
diese ihres Opfers vorhin gewiss, daher stehen geblieben um zu laden.

Erschöpft kam ich ins Lager. Die Kompagnien waren zum Theil gesammelt. Aber grossen Verlust hatten
wir an diesem Tage.

Knitjanin war im ersten Anprall bis in die Mitte der Stadt eingedrungen. Die Verbarrikadirung zu bezwingen war ihm unmöglich.

Auch Bobalić ging es so.

Wenn wir dem Feinde heute Tapferkeit auch nicht absprechen können, kurz darnach haben die Weisskirchner an ihren serbischen Mitbürgern eine That verübt, die sie ewig brandmarken wird. Wir wünschten im Interesse der Humanität, dass die Weisskirchner jetzt noch uns von der Unwahrheit dieser Kunde überzeugten.

Wir waren an Mannschaft und Geschütz viel zu schwach, um einen mit festen Gebäuden und Redouten versehenen Ort zu nehmen.

Tags darauf rückte Oberst Blomberg aus Weisskirchen mit einem Flügel seines Regiments unter Infanteriebedeckung nach Temesvar ab. An diesem Tage kommandirte er sein Regiment nach Temesvar, in welchem sich Held Rukavina entschieden für die kaiserliche Sache, — und die Festung in Belagerungszustand, — erklärte.

Am 30. August nimmt Knitjanin seine Stellung im Norden der Stadt an der Werschetzer Strasse. Ich beziehe mit 4 Kompagnien und zwei Dreipfündern seinen bisherigen Platz bei Kusić. Doch nicht lange sollte ich hier verweilen. — Ein Befehl rief mich nach Sakula an die Temes, das bei Perlez verunglückte Lager Drakulić's u übernehmen.

Erstes Gefecht und Verlust von Perlez.

Am 2. September früh griff Kiss unter Mitwirkung
Vetters mit fünf Bataillonen regulärer Infanterie, sechs
Eskadronen Husaren und 16 Geschützen Drakulić an. Es
war so zu sagen eine Ueberrumplung. In einem Augenblicke stand das Hauptquartier in Flammen, und unser
Lager war versprengt. Mit der Hauptredoute fielen 30
der heldenmüthigsten Vertheiger den Heldentod (unter
welchen auch mein Vetter, Vater von vier Kindern).

Im Ganzen verloren wir 80 Mann, worunter der
antike Held Kapetan Jancsa. Verwundet am Boden
liegend, bat er die Umstehenden, seine „Prepelica"
(Wachtel, sein Schlachtross) zu tödten, damit es der
Feind nicht lebend erhält. — Das Geschick gönnte dem
Helden den Trost, denn seine „Prepelica" verbrannte mit
dem Hauptquartiersgebäude.

Gewisse Haudegen, die bei den Ihrigen das Ansehen bewährter Tapferkeit geniessen, vermögen nicht dem
Feinde den Rücken zu kehren. Sie fechten und — sterben. — So Kapetan Janesa. Ehre seinem Andenken!

Die rohrbewachsenen Flächen des Riedes waren angefüllt mit den Unsrigen.

Drakulić fand ich niedergeschlagen. Wieder war das
Lager durch ihn organisirt. Mit spartanischem Gehorsam
rückten die einzelnen Bewaffneten nach Sakula. — Ueber
Drakulić wurde ein böswilliges Gerücht laut: er hätte
Verrath begangen. Ein thörichtes Gewäsch, das Unbe-
sonnene ausstreuen. Ein Verräther würde ja im Augen-

blicke des Gefechtes zum Feinde übergehen, nicht erst
sich lange von ihm anschiessen lassen. Im Kriege, wo
ein Volk unmittelbar und so empfindlich betheiliget
ist, wird oft das Unglück eines Treffens mit Verrath
gebrandmarkt. Carlo Alberto gings in Mailand — Wili-
sen in Holstein nicht besser. Drakulić berief man nach
Semlin zur Rechtfertigung. Er büsste durch eine mehr-
monatliche strenge Untersuchung für seine patriotischen
Gesinnungen, für den Mangel taktischer Ausbildung und
Disziplin bei seinen Truppen, und für sein Wagniss.

Auch Knitjanin rückte mit seinen Serbianern heran,
um den bedrohten linken Flügel der banatischen Vertheidigungslinie zu unterstützen.

Bobalić bezog diesseits der Karas eine defensive
Stellung, und detachirte den k. k. Oberlieutenant Vin-
cenz Bessarabić mit ein paar Kompagnien die Karas aufwärts nach Straža zur Beobachtung der Werschetzer
Strasse.

Die Orte Debeljacsa und Jabuka wollten sich noch
immer nicht anschliessen und fügen. Ersterer Ort unter-
hielt mit dem Feinde geheime Verbindung. Daher war
Knitjanin beauftragt, im Vorbeigehen die Widerspänstigen
zu bekehren. Jabuka leistete Geldbusse, nicht so Debeljacsa. Bei Ankunft unserer Truppen widersetzten sich
die Bewohner, und in zwei Stunden war der sonst blühende Ort eine Lohe. — Knitjanin's männlicher, gross-
müthiger Charakter ist Bürge dafür, dass wenn irgend
eine friedliche Ausgleichung der Debeljacser Angelegen-
heit möglich gewesen wäre, er sie gewiss der harten
Massregel vorgezogen hätte. Viele mit Waffen in der

Hand wurden zu Gefangenen gemacht, die meisten flohen querfeldein in die ungarischen Lager, aber auch sehr
viele fanden Schutz bei serbischen, deutschen und slowa-
kischen Familien benachbarter Ortschaften. Einem jeden
Menschenfreunde weint das Herz bei dem Unglücke so
vieler braver, schuldloser Familien, die nur durch einige
Halsstarrige — wie Ungarn durch Kossuth — in solches gestürzt waren.

Der Feind stand bei Ecska, streifte fast täglich nach
Perlez, fing unsere Kourire auf, und störte so unsere
Verbindung mit Titel. In Perlez war ein Theil der Bewohner zu Hause geblieben. In einer Nacht machte ich
mit zehn auserwählten Männern zu Wagen eine Patrouille
dahin. Es befand sich dort noch ein k. k. Lieutenant
Gjurković von der Verwaltung, und mein ehemaliger mir
sehr werther Professor der Mathematik, Feldwebel Fis-
singer. Von ihren loyalen Gesinnungen überzeugt, suchte
ich sie auf, um durch sie den bei den Ungarn unfrei-
willig dienenden k. k. Offizieren den eigentlichen Sach-
verhalt des Krieges und die Verhältnisse Wien's bekannt
zu geben, und sie zum Anschlusse an die kaiserliche Sache aufzufordern. Gleich beim Eintritte in den Ort traf
ich eine Patrouille der zurückgebliebenen Einwohner, —
der Länge nach ausgestreckt, — schnarchend. Einen Mann
nahm ich mit als Geissel, und ging bis zur Orts- oder
Hauptwache. Meine Wagen liess ich etwa 300 Schritte
zurück. In der Nähe der Wache stellte ich einen Theil
meiner Mannschaft im Versteck, entsendete aber den Feldwebel Andreas Gluvakov von Zrepaja mit noch zwei Mann
vorwärts bis zur Brücke nach Titel als Wache. Ich selbst

ging mit zwei Mann in die offene Wachstube. Die Kerze
flakerte in den letzten Zügen. Ein Verwaltungs-Korporal
schlief dabei. Ich befragte ihn nach Mehrerem, und nun
schrieb ich an Lieutenant Gjurković einen Brief des In-
haltes: „... dass höchst traurige Zeiten gekommen, wo Brüder einer und derselben Armee, mit denselben Ehren-
zeichen und Uniformen sich gegenüber stehen —." Zum
Schlusse kam ich nicht, denn meine zwei Mann vor der
Thüre riefen: „Halt, wer da!" Ich eile hinaus, die Hand
an der Pistole. Eine drei Mann starke fremde Patrouille
stellt die Frage, wer wir seien: „Ein kaiserlicher Offizier!" war die Antwort. Ich ging ihnen entgegen. Ein
Blick auf meinen Gürtel überzeugt sie, von welcher Seite
ich komme. Ich fordere ihre Waffen ab, — sie sträuben
sich, — nun aber nähern sich meine im Hinterhalte stehenden Schützen wie Gespenster im Kreise, und wir entwaffnen sie. Meine Mannschaft meldete, Stimmen von vielen Menschen von der Brücke her in der Nebengasse ge-
hört zu haben. Der Feldwebel war noch nicht da. —
Ich ging zu meinen Wagen.

Die Gefangenen flehten, knieten zu verschiedenen
Malen nieder. Wir stiegen in den Wagen, und in dem
Augenblicke wälzte sich ein Knäuel Menschen aus der
Querstrasse heran. Wir waren fort.

Morgens langte ich in Sakula an. Die Gefangenen
waren ein Schulmeister, ein Glasermeister und ein Jüngling, des Wirthes Sohn aus Perlez. Sie baten abermals
auf den Knien um ihre Entlassung. Als meine persönlichen Gefangenen entliess ich sie, gegen das Gelöbniss,
nie gegen uns feindlich aufzutreten. Was mir früher nicht

auffiel: hatte ich von den drei Subjecten sechs Stück Gewehre da. Nach einer Stunde kam Gluvakov mit seinen
zwei Begleitern, und eingetreten rufen alle überrascht:
„Dort sind ja unsere Gewehre." — Der dreien Glück
war's, dass ich sie vor der Ankunft meiner Patrouille
entliess. Sie wären schwerlich so leichten Kaufs davon
gekommen. Als der Feldwebel in die Nähe der Brücke
kam, stiess er auf eine 20—30 Mann starke Patrouille
dortiger Einwohner, die alle schrien: „Wo ist Euer Kommandant, den wollen wir Kiss überbringen. —" Die von mir
geschleppte Geissel war nemlich entwischt und verrieth mich.
Meine Patrouille wird entwaffnet. Jene drei Mann erhalten den Auftrag, die Gewehre auf die Hauptwache zu
tragen, und gerade vorzustreifen, während das Gros mit
meiner gefangenen Mannschaft links umgehend mich fan-
gen wollte. Die Gefangenen waren mit einem Sprunge
in und über dem seichten Begakanal. Ich dagegen machte
die Andern zu Gefangenen.

Wie ich später erfuhr, soll jener unvollendete Brief
dem Lieutenant Gjurković und meinem Proffessor in so-
ferne Unannehmlichkeiten verursacht haben, als beide unter Aufsicht nach Temesvar gebracht wurden. Zu ihrem
Glücke, denn kurz darauf war die Festung im Belagerungszustand erklärt. Nach zwei Wochen stand schon mein
geliebter Meister in der Mathematik als kaiserlicher Lieutenant in dem durch mich kommandirten Bataillon.

Am 9. September 1848 bezog Knitjanin das Lager
bei Tomaschovatz. Um diese Zeit wurde von den Unsrigen das blühende Temerin und Jarek, vor der Römer-

schanze, angegriffen, angezündet und geplündert. — Die
Bewohner waren nicht im Kampfe betheiligt.

Zweites Gefecht bei Perlez.

Am 9. Nachmittags marschirte ich von Sakula nach
Perlez, und bezog bei der Windmühle und den Weingärten unweit des früheren mein jetziges Lager. K. K.
Lieutenant Živanović vom Genie-Corps war bei mir. Kaum
hatte derselbe den Redoutenbau zur Hälfte vollendet,
und kaum erfuhr Vetter von meinem Dasein, als er auch
schon, nachdem er denselben Tag einen heftigen Anprall
gegen Knitjanin bei Tomaschovatz vergebens gemacht,
andern Tags Mittags mit Geschütz und Kavallerie mich
so energisch angriff, dass im Nu meine Mannschaft reti-
rirte. Des Bataillonsadjutanten Konstantin Jovanović, des
tapferen Živanović, mein, das Beispiel einzelner Mannschaft half nichts. Auf dem Hügel bei der Windmühle
blieb ein demontirter Dreipfünder, den der überaus tapfere ausgezeichnete Artillerie-Kommandant Panta Csara-
pić, aus dem Fürstenthume Serbien, bis zum letzten Augenblicke bediente. Die Hauptleute sammelten im Rückzuge nach Sakula langsam ihre Kompagnien. Der Kriegs-
zahlmeister des Lagers, Maler Johann Poppović, sicherte
die Kasse, und übergab sie vollzählig dem Odbor zu Pancsova.

Ich ward durch des Feindes Verfolgung von den
Meinigen abgeschnitten, und ging über die Bega gegen

Titel. Im Riede traf ich G. Stratimirović, an seiner Seite eine neue Erscheinung — einen vollbärtigen Rathgeber. Die Csaikisten waren in eine Plänklerkette aufgelöst, und erwarteten den mir folgenden Feind. Letzterer blieb jedoch bei der ersten Dammbrücke stehen. Perlez stand lichterloh in Flammen. Der Feind machte einige Kanonenschüsse auf das geräumte Dorf, um eine Entschuldigung fürs Anzünden zu haben. Vielleicht war das der Entgelt für Temerin und Jarak?

Im Kriege wird jede Ungebühr, und jeder ausser dem Kriegsbrauche verübte Frevel vergolten. Wenn die Rückzahlung auch nur immer an dem Frevler selbst — nicht aber an Unschuldige abgetragen werden möchte.

Georg Stratimirović rüstete sich in der Nacht zu dem, anderen Tags erfolgten und verunglückten Angriffe auf Aradaz. Der k. k. Oberlieutenant Agić mit zwei Peterwardeiner Kompagnien machte ihn mit.

Ich fuhr über Oppovo nach Sakula. Da waren die Kompagnien wieder gesammelt. Ich rückte mit ihnen in's Lager zu Knitjanin.

Oberst Maierhoffer arbeitete schon an der Reorganisirung der Streitkräfte. Das Deutschbanater Grenzregiment stellte das 3. und 4. Bataillon in's Tomaschovatzer Lager. Des ersteren Kommando erhielt ich mit meiner Ernennung zum Oberlieutenant, des vierten k. k. Oberlieutenants Jefta Baraić, bisher Brigade-Adjutant zu Pancsova.

———

Lager bei Tomaschovatz.

Die Lage von Tomaschovatz bietet einen weit bessern Lagerplatz, ja, dieser ist gleich Anfangs da aufzuschlagen gewesen. Ueber Tomaschovatz geht die Hauptverbindung von Gross-Becskerek nach Pancsova, Werschetz und Weisskirchen. Während des Lagerns der Unserigen bei Perlez stund es dem Feinde jederzeit frei, über Tomaschovatz auf Pancsova loszurücken, und die kleinen Posten längs dem Ableitungskanale, Alibunar mitgerechnet, aufzuheben. Der Feind hat unbegründeter Weise zu viel Werth und Rücksicht dem reiterlosen Lager bei Perlez geschenkt, das zum Ueberflusse nur mit einer geringen Abtheilung in Schach gehalten werden konnte. Mit dem Depôtplatze Pancsova würde das ganze Regiment gefallen sein, und Drakulić hinter der Theiss sein Heil gesucht haben.

Wir müssen es nur der Befangenheit und Unentschlossenheit bei unsern Gegnern zuschreiben, denn dass es ihnen Ernst war mit der Bekämpfung der Serben — sehen wir im Angriffe auf Perlez.

Tomaschovatz ist ein grosses und eines der blühendsten Dörfer, liegt am linken Ufer der Temes — — 800 Schritte entfernt. Die Temes kommt von Neuzine und dem eine halbe Stunde fernen Botosch, nimmt in der Mitte ungefähr den Werschetzer Ableitungskanal auf, und in einem Halbkreise Tomaschovatz umschlingend, windet sie sich in vielen Krümmungen nach dem eine halbe Stunde entfernten Orlovat. Dieser Ort, so wie Botosch, liegt am

rechten Ufer, welches höher als das linke und schroff
gegen den Fluss hinabfällt. Die von Gross-Becskerek kommende ungebaute Strasse übersetzt mit einer langen hölzernen Brücke den Fluss, und ruht in der Niederung bis
zum Ortseingange auf einem Erddamme. Nördlich dieses
Dammes ist ein mittelstämmiger Eichenwald 400 Schritte
im Geviert, südlich eine neue Anpflanzung von Pappel-
bäumen. Die Front gegen Becskerek schreitet man nach
Passirung der Brücke — aufwärts, in einem 100 Schritte
langen Hohlwege, an dessen Ende oben der Weg von
Orlovat nach Botosch von Südwest nach Nordost die
Strasse nach Becskerek senkrecht durchschneidet. Am
rechten Rande des Defilé, unmittelbar am Ufer, ziert den
Hügel eine bescheidene Pyramide, — die irdischen Re-
ste des 1788 bei Vertheidigung der Brücke gegen die
Türken gefallenen k. k. Hauptmanns Radivojević — ber-
gend. Dieser so geweihte Hügel nahm späterhin auch
unsere gefallenen Krieger freundlich auf.

Zu beiden Seiten der Strasse auf 300—400 Schritte
beginnen Weingärten, die sich bis an die nächsten Ortschaften ausdehnen. Die Strasse läuft senkrecht aus der
Front in gerader Linie gegen Sigmundfalva. Alleen
waren bis zur Mitte. Der Boden ist eben und diesmal
mit Mais bedeckt. Den Terrain auf beiden Seiten der
Brücke erwählte sich Knitjanin mit richtiger Beurtheilung
zum Lager. In den beiden Wäldchen standen die Reserven, in der neuen Anpflanzung Knitjanins Zelt und Hauptquartier. Jenseits der Brücke, in dreien von dem unermüdlichen Nationalmajor Milivoj Petrović, Knitjanins Adjutanten und Artillerie-Kommandanten, erbauten geschlos-

7*

senen Schanzen war das eigentliche Lager oder der Brük-
kenkopf, die beiden Seitengräben der Querstrasse als
erste Feuerlinie und zur Aufstellung der aus den Redouten entsandten Plänkler benützt, — und endlich im Halbkreise auf 1000 Schritte die Vorposten.

Das Bivouak der Besatzungen der Redouten und der
Reserven bleibt sich überall gleich. Es sei mir daher erlaubt, von einer ganz besondern Art von Lagerbequem-
lichkeit zu sprechen, deren sich die Serbianer an den
Seitengräben der Querstrasse bedienten. In gewissen Zwischenräumen aufgestellt, erhielt jeder Mann am innern
Grabenrande ein Plätzchen angewiesen, für welches er
im Momente des Kampfes gut stand. — Mit Hilfe des
Yatagan grub sich nun jeder in die Böschung eine Höhle,
in der er gerade Platz hatte, um Kinn und Knie in nächster Berührung zu haben. Einiges aufgestreute Stroh war
alles Meublement. Die Pistolen und Yatagan kommen weder bei Tage noch Nachts aus dem Gürtel, die lange
Flinte konnte man als Hauszier, — einen aus Holz ge-
schnitzten Spiess als einzige Geräthschaft betrachten. —
Der Herd befand sich gerade so weit, als es dem glücklichen Bewohner möglich war, seine Fleischportion am
Spiesse zu drehen, ohne aus der gekrümmten Stellung
zu kommen. Wenn man diese herkulischen Gestalten nach
aufgehobener Tafel bei mässig flackerndem Feuerchen
ihren Csibuk rauchen sah — wahrhaft glücklichere Menschen auf Erden konnte es keine geben! Mit einer Art
Herablassung und Mitleid blickte er aus seiner Diogenes-
behausung auf die vor Nässe triefenden minder anstelli-
gen, oder durch die Disciplin und ·Gewöhnung besserer

Lebensweise von solchen Vorrichtungen abgehaltenen Grenzer in der Redoute.

Diese erste Feuerlinie besorgte gewöhnlich den Patrouillendienst. Daher schlief die Mannschaft tagsüber.

Das Lager bei St. Tomasch und Peter Bigga.

Den 21. September hörten wir von Tagesanbruch
an bis spät Abends ununterbrochen Kanonendonner. Der
ungarische Kriegsminister Meszaros in Person beehrte den
anspruchslosen antiken Helden , Kommandanten von St.
Tomasch, k. k. Kapitainlieutenant Peter Bigga , mit einem
Angriffe. Dieses war der Zahl nach der dritte grosse Angriff, den der Platz , und der zweite , den Bigga bisher
zu bestehen hatte. Der erste geschah am 10. Juli. Der
thatkräftige, unternehmende, tapfere Theodor Bosnić, k. k.
Feldwebel und Nationaloffizier , mit 400 Peterwardeiner Grenzern und den Bewohnern schlug ihn zurück.
Bevor wir die folgenden Angriffe schildern, sei uns ge-
stattet, die örtliche Lage des historisch gewordenen Punktes, dann aber auch einige Züge über das Peterwardeiner Regiment — welches in diesem Feldzuge wohl das
stärkste Kontingent an Kriegern stellte (von 70.000 See-
len der Einwohnerzahl 7 komplette Bataillone) und von
seinem zweiten Bataillon zu erzählen, welches den Kern der
Besatzung von St. Tomasch und Turia bildete, an das sich
die tapfere Bevölkerung anklammerte, und solcherart die
glänzensten Resultate erzielt wurden.

St. Tomasch*) ist ein bei 1600 Häuser grosser Ort, mit 10.000 Einwohnern, liegt vier Meilen westlich Földvar am linken Ufer des Franzenskanals. Im Norden der Stadt krümmt sich von Hegyes kommend in grossen Windungen die Krivaja mit tiefem Schlamm und 4' Wasser in einer Breite von 10—12 Klaftern, ein natürliches Annäherungshinderniss von der Nord- und Ostseite zur Stadt bildend. Die Krivaja mündet bei Turia in den Kanal. Von drei Seiten von Wasser und Sumpf umgeben, ist St. Tomasch leicht zu vertheigen.

Die westliche, vierte Seite, zwischen dem Kanale und der Krivaja ist eben und offen, bei 1000 Schritte breit. — Hier führt der Weg nach Verbasz. Von dem eingehenden Winkel der Krivaja zur Schleusse des Kanals warfen die Serben im Juni 1848 schon, in gerader Linie eine Erdbrustwehre, bedeutend unter dem Masse der Befestigungsregeln — auf. Die Linie war hie und da gebrochen, oder es vertraten kleine Vorsprünge die Stelle von Bastionen. Der Eingang durch einen Querwall geschlossen. Auch an kleinen Traversen fehlte es nicht zum Schutze gegen platzende Bomben oder Haubitzgranaten. Knapp an der Brustwehre die Pulvermagazine. In dem zwischen der Schanze und der Stadt gelegenen 80 Schritte tiefen Lagerraume standen die Bretterhütten der Truppen in einiger Entfernung von einander, so dass wenn auch eine in Flammen aufging, die andern in keiner grossen Gefahr schwebten. Zudem war das Dach mit einer Lage Erde bedeckt. Im Süden, wo der Weg nach Peterwardein, Alt-Kér und Turia mittels einer hölzernen Brücke

*) Siehe den Plan hiezu.

über den Kanal führt, gegenwärtig die einzige Verbindung mit den Depôtplätzen im Csaikisten-Bataillon und mit Carlowitz, sperrte in eben jenem Style ein Brückenkopf den Zugang. Rechts (westlich) an diesen befand sich ein kleines Wäldchen und das Haus des Schleussenmeisters. Im Nordosten, am Wege nach Becsej, in einer eingehenden Krümmung der Krivaja erbauten die Serbianer mit Hilfe eines ihrer Künstler (die zu dieser Kenntniss im Wege der Tradition gelangen) eine höchst kunstreiche kleine Festung.

Wer nicht das Werk gesehen, kann dessen Form sich schwer vergegenwärtigen. Es war ein Viereck, 200 Schritt im Quadrat, die ausspringenden Winkel rund bastionirt. Die Brustwehr hoch und 2° breit. Ein tiefer Graben davor, und um diesen Kern abermals eine Brustwehr sammt Graben, diese jedoch tiefer und schmäler, so dass man von der innern aus, darüber hinweg das Glacis bestreichen konnte. Der Eingang in $ Form und ausserdem mit einem Querwall gedeckt. In dieser kleinen Festung lag Munition, Proviant und alle die Bedürfnisse für eine mehrtägige Belagerung aufgehäuft.

Der Meister betrachtete mit Wohlgefallen die gelungene Arbeit. — Die Andern mit endloser Bewunderung.

Rechts und links war die Schanze mit der Krivaja durch eine gradlinige Brustwehre verbunden.

„Srbobran" nannte man dieses Wunderwerk, und meine Beschreibung dürfte nur ein Schatten aller der vortrefflichen Eigenschaften desselben sein, die ihm sowohl Vertheidiger als Angreifer andichteten.

In Korrespondenz mit dem so beschaffenen St. Tomasch liegt östlich davon ³/₄ Meilen weit am rechten Kanalufer das Dorf Turia, auf der angreifbaren südlichen
Seite mit unbedeutenden Gartenmauern und kleinen Erdwerken geschützt. Und im gleichseitigen Dreiecke, südlich davon, inmitten der glühenden Puszta am Ufer einer
sumpfigen Niederung, Almaška Bara genannt, Front gegen Kér und Temerin, machte der Scharfsinn der Vertheidiger St. Tomasch's eine militärische höchst gewagte
Stellung, erbaute eine Redoute, besetzte sie mit 200
Mann und zwei Dreipfündern und nannte sie „Na Sirigu."

Nun zum Peterwardeiner Grenzregimente und dessen zweitem Bataillon. Wie schon gesagt, befand sich das
erste Bataillon dieses Regiments in Italien. Das zweite
rückte im April 1848 aus der Heimath ebenfalls dahin
ab. Ban Jelačić behielt es jedoch längere Zeit in Agram.
Auf dem Marsche musste es im Vorbeigehen die Turo-
poljer entwaffnen und von ihren magyarischen Bestre-
bungen zur Raison bringen.

Um diese Zeit wurde die ganze Militärgrenze unter
das neu autorisirte ungarische Kriegsministerium gestellt.
Das Offizierscorps des Bataillons mit Oberst Rastić an der
Spitze, erklärte sich einstimmig, einzig und allein das k. k.
Kriegsministerium zu Wien als die eigentliche Behörde zu
betrachten, und von ihm allein Befehle anzunehmen. Diese Erklärung wurde schriftlich und von allen Offizieren
unterschrieben an den Kriegsminister Graf Latour nach Wien
geschickt. Bald darauf kam die Nachricht von dem Ue-
berfalle Hrabovskys auf Carlowitz, von den Absichten der

ungarischen Truppen, das Grenzgebiet zu besetzen. —
Eine Deputation Serben aus Syrmien bat den Ban von
Croatien, in so gefahrvoller Lage das 2. Peterwardeiner
Bataillon zum Schutze des eigenen Herdes wieder in die
Heimath zurückzuschicken. Ban Jellačić willfahrte dieser
Bitte in einer Ansprache an die Truppe, in welcher er
gestand, dieses herausfordernde Benehmen des ungari-
schen Ministeriums erwartet, dieserhalb auch das Batail-
lon so lange in Agram behalten zu haben.

Oberst Rastić rückte nun mit demselben nach Mitrowitz und am Wege dahin traf ein Befehl Hrabovsky's
ein, der dem Regiments-Commando aufträgt, unverzüglich
nach Italien umzukehren. Diesem gab man jedoch keine
Folge. Dass solche Vorgänge arge Wirrnisse herbeiführen
mussten, ist leicht denkbar, und dies umsomehr, als die
ungarischen Führer mit aller Energie ihren Einmarsch in
das Militär-Grenzgebiet durchsetzen wollten.

Ein Tagsbefehl des Banus von Croatien, Baron Jellačić, datirt Carlowitz den 20. Juli 1848, befiehlt dem
Peterwardeiner Grenzregimente, das zweite Feld- und dritte
Reservebataillon in Carlowitz zu concentriren, wo sie
nach Erforderniss verwendet werden; dagegen hat der
administrative Betrieb im Regimentsbezirk unverzüglich
wieder ins Geleise gebracht zu werden.

Am 18. August 1848 langt Oberlieutenant Peter Bigga, Kommandant des zweiten Peterwardeiner Feldbatallons
mit diesem in St. Tomasch an, und übernimmt das Commando des befestigten Platzes von dem bisherigen Kommandanten, k. k. Feldwebel und National Hauptmann Theodor Bosnić, der mit 400 Mann desselben Bataillons schon

früher vorausgeeilt war, und gerade zur rechten Stunde
ankam, um, wie wir es bereits wissen, am 10. Juli den
feindlichen Anprall tapfer zurückzuschlagen.

In der Nacht vom 18. auf den 19. August erscheint
aus Becsej ein Serbe, und theilt Bigga des Feindes Vor-
haben — bei Tagesanbruch St. Tomasch und Turia anzugreifen, mit.

Bigga detachirt sogleich Oberlieutenant Peter Jovanović mit einer Peterwardeiner Kompagnie und einem dreipfündigen Geschütze zur Verstärkung nach Turia, und trifft
folgende Disposition:

Im Peterwardeiner Brückenkopf:

1 Kompagnie Peterwardeiner	Kommandant:
250 St. Tomascher Bewohner.	Gabriel Živanović.
2 Geschütze.	

Hauptschanze gegen Verbasz:

2½ Kompagnien Peterwardeiner	Kommandant:
400 St. Tomascher unter Kommando ih-	Hauptmann
res Mitbürgers Golubsky.	Peter Bigga
5 Geschütze	selbst.

In der rechten Flanke dieser Stellung an der Fekete-hegyer Brücke:

½ Kompagnie Peterwardeiner	Nationalhauptmann
150 St. Tomascher Bewohner	Novak Dundjeski.
5 Geschütze	

In der serbischen Schanze gegen Becsej (Srbobran):

500 Serbianer aus dem Fürstenthume	Kommandanten:
300 Mohler und Becsejer Bewohner	Buljukbascha
2 Geschütze	Toma und Stanko.

Praedium Tuk (am Ostrande des Ortes):

300 St. Tomascher	Kommandant:
2 Geschütze	Hadžić der Aeltere

In Turia standen :

200 Peterwardeiner	
30 Serbianer	Kommandant:
600 dortige Bewohner	Oberlieutenant Peter Jovanović
4 3-pfd. Geschütze	

Die Artillerie wurde durchgehends von den Csaikisten bedient; ihre Kommandanten waren Theophan Živković, Stanojević, Marinković, Radonić. Kommandant des
exponirten Postens „na Sirigu“ war Nationaloffizier Mar-
ko Nikolić.

Bei Tagesanbruch den 19. August signalisirten die
Vorposten den Feind, und bald darauf spielte sein Geschütz. — Derselbe hatte an dem Tage folgende Ordre
de bataille, und wir sind in der Lage, selbst die An-
griffsdisposition mitzutheilen, obschon es uns nicht genau
bekannt ist, wer das Oberkommando führte. Wahrscheinlich Hrabovsky selbst, da derselbe nebst vielen anderen
Autoritäten aus Peterwardein und Neusatz zugegen war,
um Zeugen des Falles von St. Tomasch zu sein, und
um Mittagstafel im selben zu halten.

I. Brigade Bakony :

½ 6-pfd.	Fussbatterie.
½ 12- „	
2 Bataillone Alexander	
2 „ Pester Freiwillige.	

II. Brigade Wollenhofer:

½ 6-pfd. Fusbatterie.
1½ 12- „ „
1 30- „ Bombenmörser.
1 Bataillon Alexander.
1 „ Szekler.
1 „ Weszprimer Garden.
1 „ Heveser. „
1 „ Pester Freiwillige.

III. Brigade Kollowrat:

2 Cavallerie-Batterien.
1 Division E. H. Ferdinand-Huszaren [Oberstdivision.]
1 Bataillon Schwarzenberg-Infanterie.
1 „ Honved.
1 „ Pester Freiwilliger.

IV. Unter Kommando des pensionirten Obersten von Fakh:

2 Bataillone Cumanier- Garden.
1 „ Bacser „
3 Escadronen Cumanier- „

Die I. Brigade hatte die Verbaszer Hauptschanze, die II. und IV. den Peterwardeiner Brückenkopf, die III. Turia zum Angriffsobjekt.

Von dieser letzteren hatte ein Bataillon Honved und das Pester Freiwilligen-Bataillon ihre Aufstellung im Norden von Turia, während die beiden Batterien im Halbkreise aufgefahren, die Südseite des Ortes beschossen.

Sämmtliche Brigaden liessen gleich zu Anfang alle Geschütze in erster Linie auffahren, und das Feuer eröffnen.

Die feindlichen Sturmkolonnen versuchten zu verschiedenen Malen bis zu den Schanzen vorzudringen, doch vergebens. Nur einem Bataillon Alexander am äussersten feindlichen linken Flügel gelang es, an die Krivaja gelehnt, bis zur Schanze zu gelangen, ja einige 20 Mann der Tapfersten erstiegen sogar die Brustwehr, aber hier traf sie sicherer Tod. Die Kolonne selbst ging wieder zurück. — Als der Feind die Vergeblichkeit seines Stürmens einsah, liess er bis 1 Uhr Nachmittags die Stadt aus sämmtlichen Geschützen beschiessen, und ging unverrichteter Sache in seine Stationen.

Gleich heldenmüthig behauptete sich Turia.

Bei dem heutigen Kampfe, den 21. September, hatte Kriegsminister Meszaros 10.000 Mann reguläre, 15,000 Honved und Garden, 30 Geschütze und 4 dreissigpfündige Mörser zur Verfügung.

Bigga's Streitkräfte blieben jenen am 19. August völlig gleich; auch diesmal kommandirte Hauptmann Peter Jovanović in Turia; nur stand in Csurug, im Csaikisten Bataillon, Hauptmann Michel Jovanović mit dem dritten und vierten Bataillon Peterwardeiner und sechs Geschützen in Reserve für das bedrohte St. Tomasch und Turia, als auch zum Schutze der Römerschanze.

Um zwei Uhr Nachts am 21. September war der Feind schon aufmarschirt, und bei Tagesanbruch hielt ein dichter Nebel seine Stellung verdeckt. — Der Hauptangriff galt diesmal zuerst der Verbaszer Hauptschanze; hier war die Hauptstärke an Geschütz und Truppen. Auch sah man Meszaros in Person in erster Linie. — Man sagt,

er habe sich — seiner unglücklichen Stellung halber —
hier den Tod gesucht.

Bis 9 Uhr Morgens rückten nacheinander mehrere
Kolonnen zum Stürmen vor, doch kaum vom Kleingewehrfeuer empfangen, gingen sie zurück. Um diese Zeit liess
Meszaros sowohl Geschütz als auch Infanterie über eine
ausser unserem Kanonenertrag geschlagene Brücke über
den Kanal setzen, und erneuerte nun mit um so grösserer Kraft den Angriff auf den Peterwardeiner Brückenkopf. Natürlich folgte Bigga den feindlichen Bewegungen,
und disponirte gegen die Südseite alle verfügbaren Kräfte,
insbesondere aber die Geschütze.

, Doch kaum hatte hier der Kampf den höchsten Grad
erreicht, als auch von Osten her, am Wege von Turia —
Geschützesdonner begann. Man sah des Feindes rechten
Flügel weichen, und eine Frontveränderung rechts-rück-
wärts bewerkstelligen. Es war der heldenkühne Michel
Jovanović, der zu Wagen mit einem Bataillon Peterwardeiner und sechs Geschützen seinen bedrängten Brüdern
zu Hilfe kam. — Der Kampf war bald entschieden. —
Der Feind stand im Kreuzfeuer und wechselte die Rolle
von Angriff zur Vertheidigung. — Unser war der Sieg.
— Vor Allem verdanken wir ihn Gottes allmächtiger
Hand, dann gebührt die Ehre des Tages Bigga, Michel
Jovanović und sämmtlichen Helden, die an demselben mit-
gekämpft haben. Während des vormittägigen Kampfes versuchte Melentie Budimirović, der Kommandant von Sirig,
jener Steppenstellung, aus, mit einer Abtheilung und einem dreipfündigen Geschütze nach Zurücklassung einer
Besatzung in seinem verlornen Posten — dem bedrohten

St. Tomasch zu Hilfe zu eilen. — Die Maus versucht des Löwen Netz zu zerreissen. — Das rechtzeitige glückliche Erscheinen Michel Jovanović's rettete die tollkühne Schaar vor Untergang oder Gefangenschaft, denn sie war bereits vom Feinde umzingelt und gefangen genommen.

Solcher Art gab Bigga dem winzigen St. Tomasch mit seinen schwachen nicht einmal nach den Gesetzen der Feldbefestigung aufgeworfenen Brustwehren, mit seinen 5784 Mann und 24 Geschützen, in den Augen des Feindes die Unbezwinglichkeit Gibraltars. Der Feind glaubte an Alles, an Minen und zahlreiches Geschütz, an dreifache, höchst künstliche Wälle und unterirdische Gänge, und an viele andere fabelhafte Eigenschaften, und nur zum kleinern Theile an den bewunderungswürdigen Muth seiner Vertheidiger.

St. Tomasch im Vereine mit dem Lager bei Turia, oder besser gesagt: Bigga und k. k. Oberlieutenant Peter Jovanović mit ihren wenigen Kühnen, — hielten 18 reguläre Bataillone Infanterie, 18 Eskadronen Husaren und 42 Geschütze auf dem südlichen Kriegsschauplatz festgebannt, gerade in einer Zeit, wo diese Truppen gegen Agram oder gegen den nach Stuhlweissenburg vorrückenden Ban Jellačić hätten verwendet werden können.

K. k. Kapitänlieutenant Bigga bedeckte sich mit unsterblichem Ruhm. Seine Liebenswürdigkeit gewann ihm die Freundschaft seiner Kriegsgefährten, seine Gerechtigkeitsliebe das blinde Vertrauen seiner Untergebenen, seine Grossmuth gegen einzelne Feinde die Achtung des Feindes, die sich sowohl in Schriften, als auch bei einer

Zusammenkunft der beiden gegenseitigen Kommandanten deutlich kund gab.

So wie Bigga ein Beispiel militärischer Tugenden war, so dient die Bevölkerung von St. Tomasch als Beispiel heroischer Aufopferung für Kaiser und Vaterland. Während alle waffenfähigen Männer im Lager waren, besorgte am Tage der Schlacht ein Theil der Frauen das Mittagsmahl, ein anderer löschte mit bereitgehaltenen Kotzen in Brand gerathene Häuser etc., mit Hilfe einiger Männer. Die Kinder lauerten auf eine daherollende Kanonenkugel, um sie, kaum unschädlich geworden, in die Kirche zu tragen. Andern Tags warf man sie dem Feinde wieder zurück, denn wir hatten nichts im Ueberflusse. Die Kirche war Munitionsmagazin. Am Tage der Schlacht, wenn sie beendet, stand das Mahl in jedem Hause am Tische bereit. Wer kam, speiste, und ging wieder ins Lager. Währte jedoch der Kampf bis in die Nacht, dann sah man so manche Hausfrau den Kriegern Speise in die Feuerlinie tragen.

Die Serben hatten keine Frauen verkleidet in den Reihen der Krieger. Letzteres hielten sie unter ihrer Würde — und als Schmach, dass die Männer nicht hinreichten, dem Feinde zu begegnen. Dagegen hatten die Frauen vollauf mit Pflege der Verwundeten und mit Anfertigung von Patronen zu thun.

Dies, freundlicher Leser, vom Helden Bigga und seinem St. Tomasch.

Am 28. September kam mir vom Obersten Maierhoffer der Befehl zu — nach St. Tomasch mit dem dritten Bataillon abzurücken. Es war ein Ausfall auf Verbasz beabsichtigt.

Ich trat den Marsch über Tittel an. Der Muthwille und knabenhafter Ehrgeiz eines Abenteuerers bedrohte den guten Geist meines Bataillons, und suchte die Mannschaft gegen mich aufzuwiegeln. In Folge dessen stellte ich den Weitermarsch ein, übergab das Kommando des Bataillons an den ältesten Nationalhauptmann Pekić und fuhr nach Carlowitz. — Hier traf ich Oberlieutenant Michel Jovanović, dem Aehnliches in Csurug von demselben Unruhestifter widerfahren war, nur dass er Michel persönlich entwaffnet hatte.

Der k. k. General und erwählte Wojwode Stephan Šuplikatz de Vitez, der Längstersehnte, war endlich angekommen. Feldmarschall Radetzky fand sich durch die eben erzählten Ereignisse bestimmt — den k. k. General zur unverzüglichen Abreise aus Italien und Uebernahme des Kommando's aller serbischen Truppen zu befehligen.

Ein ehrwürdiger Greis — ein Priester, leitete bisher mit seltener Klugheit und Aufopferung die Kriegsangelegenheiten. Zu jeder Stunde bei Tag oder Nacht nahm Patriarch Rajačić Meldungen in Empfang, und unterschrieb die Befehle an einzelne Lagerkommandanten.

Energisch, persönlich unerschrocken, — blieb Patriarch Rajačić jederzeit Priester, und auch nicht ein einziges Bluturtheil, weder unter seiner, noch unter der Leitung des Generalen Šuplikatz und Theodorović wurde über einen Feindlichgesinnten oder mit der Waffe in der Hand gefangenen gesprochen oder vollzogen. Auch dann nicht, — als der Gegner mit Unmenschlichkeit zu Hunderte Serben durch Blutgerichte verurtheilte, und somit gerechte Veranlassung zur Wiedervergeltung gab. Noch mehr:

des General Šuplikatz erste Handlung bei Uebernahme des Kommando's war es, dass er sämmtliche Gefangene — die dem Bürgerstande angehörten, und die man zu Carlowitz festhielt, entliess.

General Šuplikatz antwortete gewöhnlich auf die Frage, warum er das Vergeltungsrecht nicht übe: „Mit Blut bespritzen lässt sichs bald, doch schwer davon rein waschen."

ZWEITER ABSCHNITT.

———

General Šuplikatz stellte ein Corps zusammen unter dem Namen „österreichisch-serbisches Armeecorps." Die Ordre de bataille desselben war folgende:

Lager an der Karasch.

Kommandant k. k. Hauptmann Peter Bobalić.

Vom Illirisch-banater Grenzregimente und

Pancsovarer Landwehr	.	.	2400 Mann
Serbianer	. .	. .	27 „
Artillerie	. .	. .	8 Geschütze.

Summa . . 2427 M., 8 Geschütze.

Lager bei Straža (Lagerdorf.)

K. k. Oberlieutenant Vincenz Bessarabić.

Ilirisch-banater Grenzer . . 1186 Mann, 8 Geschütze.
Davon 4 einpfündige.

Lager bei Allbunar.
(Wurde erst im November gebildet.)

K. k. Hauptmann Michael Jovanović.

Peterwardeiner Grenzer	.	.	3 Bataillons
Deutschbanater	„ .	.	1 Bataillon

Summa . 4 Bataillons, 8 Geschütze.

9*

Lager bei Tomaschovatz,

Serbischer Oberst Stefan Knitjanin.

Deutschbanater Grenzer das 3. und 4. Bataillon	.	2472 Mann
Freiwillige Serbianer . . .	.	1610 „

Summa . . . 4082 Mann,

12 Geschütze, darunter 10 dreipfündige.

Depôt-Platz Pancsova.

Bürgerlandwehr-Kommandant Hauptmann Georg Milutinović.

Städtische Landwehr . . . 6 Kompagnien.
(2 Kompagnien an der Karasch.)

Lager bei Csurug, später bei Alibunar.

K. k. Hauptmann Michael Jovanović

Peterwardeiner Grenzer 2 Bataillon . . 1404 Mann, 6 Geschütze.

Lager bei St. Tomasch (Srbobran), Turia und Sirig.

K. k. Kapitänlieutenant Peter Biggu.

Peterwardeiner Grenzer 1 Bataillon .	.	1520 Mann
Freiwillige Serbianer . .	.	264 „
St. Tomascher, Adaer und Moholjer Bewohner	4000	„

Summa . 5784 Mann.

Geschütze : 1 18pfdr., 1 12pfdr., 4 6pfdr., 16 3pfdr., 2 1pfdr., = 24 Geschütze.

Lager an der Römerschanze.

K. k. Oberlieutenant Demeter Stejin.

Csaikisten zu Lande . . . 1788 Mann.
Artillerie: 9 3pfdr 6 1pfdr. = 15 Geschütze.

Der Depôt-Platz Titel.

K. k. Lieutenant Georg Wulić.

Csaikisten . . . . . 156 Mann
Artillerie: 4 3pfdr. 2 1pfdr. = 6 Geschütze.

Lager bei Carlowitz, Bukovce und Kamenitz.
(Beobachtung Peterwardeins.)

Kommandant k. k Kapitänlieutenant Johann Milekić.

Peterwardeiner Grenzer	. . .	750 Mann
Syrmische Freiwillige	. . .	235 „
Freiwillige Serbianer	. . .	100 „
Unbewaffnete .	. . .	807 „

Summa . 1882 Mann.

Artillerie: 1 18pfdr. 1 6pfdr. 3 3pfdr. 1 1pfdr. = 6 Geschütze.

Lager bei Dalja (Beobachtung gegen Essek.)

K. k. Major Ćorić.

Peterwardeiner Grenzer	. . .	1492 Mann
Artillerie	. . . . .	7 Geschütze

Donau-Beobachtung bei Carlowitz.

K. k. Hauptmann Davidovatz.

Eine ganze Csaikisten-Flottille	. .	173 Mann
Artillerie	. . . .	12 Geschütze

Recapitulation.

An der Karasch	. .	2427 Mann	8 Geschütze
bei Straża . . .	.	1186 „	8 „
„ Tomaschovatz .	.	4082 „	12 „
„ Pancsova .	.	700 „	— „
„ Csurug . .	.	1404 „	6 „
„ St. Tomasch .	.	5784 „	24 „
„ Römerschanze .	.	1788 „	15 „
„ Titel .	.	156 „	6 „
„ Carlowitz .	.	1882 „	6 „
„ Dalja . .	.	1492 „	7 „
auf der Donau ,		173 „	12 „

Summa 21,074 Mann 104 Geschütze.

Von diesen waren:

Unbewaffnete .	. . .	1057 Mann
mit Sensen und Picken Bewaffnete .	.	2419 „
„ Jagdgewehren	. . .	901 „

Von den Geschützen:

18pfündige	. . . .	4	Stück
12 „	. . . .	4	„
10 „	Haubitzen	2	„
7 „	„	3	„
6 „	Geschütze	10	„
3 „	„	63	„
1 „	. . . .	18	„
	Total-Summe	104	Stück

Von den Stellungen waren nicht befestigt: Straža, Alibunar, Bukovce, Kamenitz und Dalja.

Diesem gegenüber stand die ungarische Bacs-banater Armee[*]) und zwar Kerntruppen.

I. Banater Armeecorps.

Kommandant General Kiss.

Hauptquartier: Gross-Becskerek,

1. Division Oberst Vetter (Gross-Becskerek).

6 Bataillons, 9 Eskadronen, 30 Geschütze.

2. Division Oberst Damjanić (Werschetz).

5 Bataillons, 3 Eskadronen, 30 Geschütze.

Summa: 11 Bataillons, 12 Eskadronen, 60 Geschütze.

II. Bacser Armeecorps.

Kommandant General Bakony (später Eszterhazy).

Hauptquartier: O-Verbasz.

1. Division Oberst Lenkey (beide Becsej.)

4 Bataillons, 4 Eskadronen, 12 Geschütze.

---

[*]) Nach Klapka's Angaben.

2. *Division Oberst Eszterhazy, (Verbasz, Kis-Ker)*.

5 Bataillons, 6 Eskadronen, 18 Geschütze.

3. *Division Oberst Szabo (O-Ker)*.

5 Bataillons, 8 Eskadronen, 12 Geschütze.
4 „ Nationalgarden.
Summa: 18 Bataillons, 18 Eskadronen, 42 Geschütze.

Festung Peterwardein.

Kommandant Blagojević.

4 Bataillons, 2 Eskadronen.

Festung Issek.

Kommandant Jović.

3 Bataillons, 1 Eskadron.

Total-Summe:			
Infanterie	.	.	36 Bataillons
Kavallerie	.	.	33 Eskadrons
Artillerie	.	.	102 Feldgeschütze

Zusammen mindestens 40,000 Mann.

General Šuplikatz erkannte sogleich, dass es dem österreichisch-serbischen Armeecorps vor Allem: an Cavallerie, an Waffen, an regulären Truppen, an Geschütz und Bespannung, von Montour und Ausrüstung nicht zu sprechen, und an höheren Offizieren — fehlte.

Der gütige Leser wird gewiss erstaunt sein, zu lesen, dass ein k. k. Kapitainlieutenant, Michel Jovanović, drei Peterwardeiner-, zu Alibunar aber vier Bataillons, dass Kapitainlieutenant Peter Bigga ein befestigtes Lager von nahe an 6000 Mann und mit solchem Erfolg befehligte, dass Oberlieutenants Bataillone kommandirten.

Alle Verfügungen des Corpskommandanten gingen dahin, möglichst dem Mangel abzuhelfen.

Er befahl die Aufstellung eines Uhlanen-Regiments. K. K. Rittmeister Zimmer vom Regimente Schwarzenberg-Uhlanen kam von Temesvar, um diesen ehrenvollen Auftrag ins Werk zu setzen. Aber ein Cavallerie-Regiment mitten im Kriege errichten, heisst mit unüberwindlichen Hindernissen kämpfen. Eine Division kam nach vieler Mühe und Anstrengung des Rittmeisters Zimmer zu Stande. — Wenigstens war der Vorposten- und Patrouillendienst dadurch erleichtert. An Seine Durchlaucht Fürst Windischgrätz richtete der General die Bitte um Offiziere und Waffen. Denn diese fehlten. Krieger besass der serbische Distrikt zwischen Temesvar und der Theiss, so wie die Bacska und Syrmien genug. Auch waren die Bewohner bereit, bei der ersten Veranlassung zu den Waffen zu greifen.

Eine Bothschaft um die andere, eine dringender wie die andere, kam an den General, nach Kikinda einige Bataillone und Geschütze zu senden, das Volk sei entschlossen, in Masse sich unsern Truppen anzuschliessen. Doch sah der General zu sehr ein, dass so brav auch die einzelnen Lager sich bisher gehalten, das Armeekorps zu keiner Offensive sich eigne. In diesen endlosen Ebenen ohne einen einzigen Reiter gegen des Feindes achtunddreissig Eskadronen angriffsweise zu Werke gehen, wäre wohl ein zu grosses Wagniss.

Anfangs October besichtigte der General die Stellungen an der Bömerschanze. Hier, so gut sie sonst bewacht war, fehlte doch eine 5—6000 Mann starke Re-

serve, mit welcher man dem bedrohtesten Punkte zu Hülfe
geeilt wäre. Tausend Schritte vom Anfange der Schanze
bei Csurug, theissaufwärts , ist die Mündung des Franzenskanals, an dessen rechtem Ufer Földvar liegt.

Wie naiv die Serben den Krieg begonnen , ersieht
man daraus, dass die Lager bei St. Tomasch und Turia
schon gebildet, und einige Versuche des Feindes tüchtig
abgeschlagen waren , aber Földvar blieb in ihrem Rücken
noch immer vom Feinde besetzt. Wie schon erwähnt,
nahm es Hauptmann Surduĉky durch einen Handstreich.
Zum Glück war anfangs der Feind wo möglich noch
naiver.

Das Lager an der Karasch hatte in der Front den
gleichnamigen Fluss ; links und rückwärts unbefahrbare
Flugsandflächen. Rechts am Flusse und an dessen Mündung in die Donau lag Uj-Palanka. Bobalić erbaute mühsam an der sogenannten Teufelsbrücke eine geschlossene
Schanze. Erde und Luft sind in dieser Gegend mit Sand
erfüllt.

Die Serben aus dem Distrikte baten unablässig
General Šuplikatz um Truppen und Waffen, und so ward
derselbe halb wider Willen zu dem Entschlusse gedrängt,
eine Vorrückung auf Kikinda anzuordnen. Der Zweck
war: die Bewaffnung und Erhebung aller Serben im Banate, und die Verbindung mit der Festung Temesvar,
aus welcher man Waffen und Munition zu beziehen hoffte,
herzustellen.

Baraić in Gross-Kikinda.

Disposition: Oberlieutenant Jefta Baraić marschirt mit einem Deutschbanater Grenzbataillon und drei dreipfündigen Geschützen aus dem Tomaschovatzer Lager über Botosch, St. Gjörgje, über den neuen und alten Begakanal und Baschahid nach Gr.-Kikinda, das feindliche Lager bei Gr.-Becskerek und Sigmundfalva links lassend, und jedem Zusammenstosse mit dem Feinde ausweichend. Hauptmann Michl Jovanović setzt bei Csurug über die Theiss mit zwei Bataillons, 12 Geschützen, erstürmt Banat-Becsej, besetzt es, sucht jedoch unverzüglich mit Baraić, und mittels diesem die Verbindung mit der Festung Temeswar. Das Weitere ist Sache der Verhältnisse.

Damit beide Colonnen die Flanken des Feindes leichter umgehen, greift Knitjanin den Feind bei Sigmundfalva an, und fesselt ihn mit der Reserve auf diese Art an seine Person. Von St. Tomasch sollen Demonstrationen gegen Alt-Becsej unternommen werden.

Der Tag des Aufbruches für Baraić war der 12. Oktober Abends. Der 13. Morgens für Jovanović und Knitjanin zu ihren Angriffen bestimmt,

Der ausgezeichnete Baraić vollführte seine Aufgabe wie im Fluge, und ich glaube seinen Bericht hier wörtlich einschalten zu können.

Gefecht bei Gross-Kikinda.

„Zu Folge hohen Befehls vom 10. Oktober 1848
brach ich mit dem 3. Bataillon Deutschbanater und drei
dreipfündigen Geschützen am 12. Oktober um 11 Uhr
Nachts aus dem Leger auf, passirte Katharinenfeld, St.
Gjörgje, Torda, Baschahid und traf am 13. 6 Uhr Nachmittags ungehindert bei Kikinda ein. Die Bewohner von
Torda wollten mir mit bewaffneter Hand den Durchmarsch verwehren, liessen jedoch ab, als ich meine Geschütze auffahren liess. Bei Baschahid hielt ich eine zwei-
stündige Rast. Die Bewohner begrüssten mit Freude meine
Truppen. Ausserhalb Kikinda an der südlichen Seite liess
ich halten und Bivouak beziehen, trotz der Einladung der
jubelnden Bevölkerung, in Quartiere zu rücken. Ich ver-
muthete den Feind von Becskerek her, und wollte schlagfertig sein.

Meine Erwartung bewährte sich. Am 14. mit Tagesanbruch erschien der Feind von Baschahid her, ein
halbes Bataillon Infanterie, eine Eskadron Husaren, zwei
Haubitzen und zwei sechspfündige Geschütze stark, unter
dem Kommando Piketi's. Meine Tiralleurs liess ich hinter einem Graben, einige 100 Schritte um die Stadt sich
ziehend, gedeckte Stellung nehmen. Kaum war das Geschützfeuer beiderseits eröffnet als eine Truppenabtheilung
unter Trommelwirbel aus Kikinda heranrückte. Es waren feindliche Garden, die meinen Rücken bedrohten.

Auf meinen Befehl richtete der überaus tapfere Artilleriekommandant Panta Ćarapić ein Geschütz dahin. Beim
dritten Schusse zerstob die Garde, von der Reserve verfolgt und fast aufgerieben. In der Front dauerte der Kampf
vier Stunden. Der Feind versuchte mich zu überflügeln.
Ich folgte seinen Bewegungen. Plötzlich brach er das
Gefecht ab, und marschirte nach Baschahid. Nach dem
Gefechte ging ich für meine Person in die Stadt, wo
mich das versammelte Volk mit Jubel empfing. Ich end-
sandte nach allen Richtungen Bothen mit der Aufforderung, sich zu erheben, und bald auch strömte das Volk
daher. Desselben Tages gegen Abend erhielt ich die Kunde: der Feind rücke mit einigen Bataillons und 12 Geschützen von Gr.-Becskerek, und fast eben so stark von
Szegedin auf Kikinda los. Die nachtheiligere Nachricht
aber, dass Michl Jovanović's Angriff auf Becsej geschei-
tert, und er schon jenseits der Theiss, dass in Hatzfeld
feindliche Besatzung, daher die Verbindung mit Temesvar, wo nicht unmöglich, doch erschwert sei, bewog mich
am selben Abende einen Kriegsrath zu halten, was in
dieser Lage zu thun. Der Beschluss war: den Rückweg
nach Tomaschovatz wieder anzutreten, wenn man einer
Gefangenschaft entgehen will, und um so dringender war
dieser Schritt, da nur sehr wenig Geschützmunition vorhanden war. Ich brach um 11 Uhr Nachts auf, und da
mein früherer Weg, so wie die Defiléen der Bega ver-
stellt sein konnten, nahm ich meine Direktion über Oroszlamos, Zrnja, Itebej, und kam am heutigen Tage um die
fünfte Stunde Nachmittags, ohne vom Feinde beeinträch-
tiget zu werden, im Tomaschovatzer Lager an.

Im Treffen bei Kikinda hatte ich zwei Todte und sechs Verwundete, sonst weder am Hin- noch Hermarsche einen Verlust."

Lager bei Botosch am 15. Oktober 1848 Abends.

Baraić m. p.

k. k Oberl.

So glänzend Baraić's Flug war, so unglücklich fiel die Vorrückung Michl Jovanović's aus, wie ersterer es richtig in Erfahrung gebracht.

Angriff auf Banat-Becsej.

Am 13. Früh setzte Jovanović über die Theiss. Um 10 Uhr geschah der erste Schuss auf Becsej. Der Angriff stiess auf mit Erdwerken gesperrte Strassen. Michl mag seine und die moralische Kraft seiner Truppen überschätzt haben. Im ersten Anprall bemächtigten sich die Peterwardeiner der äusseren Einfassung, konnten aber nicht weiter. Indessen langte dem Feinde aus dem andern Becsej Damjanić mit einem Bataillon und Geschütz zur Unterstützung.

General Šuplikatz sass besorgt zu Carlowitz, ungewiss des Ausganges dieser gewagten Unternehmung. Von Becsej hing ihr Gelingen ab. Der General entsandte mich an den Schauplatz.

Mittags in Csurug, übersetzte ich sogleich bei Bordjos die Theiss. Der Kampf wird schwächer und schwächer, zwei einzelne Verwundete waren bereits an diesem

Punkte angelangt, und erzählten mir unzusammenhängend
den Verlauf des Gefechtes. Aus allem entnahm ich, dass
der Vormarsch misslungen. Der Rückzug über die Theiss,
wenn der Feind verfolgen sollte, konnte gefährlich werden. Drei Schiffe nur standen zu Gebote. Auch erwartete
ich mit Zuversicht, dass eine feindliche Abtheilung aus
dem eine Stunde rechts gelegenen Kuman, unsere rechte
Flanke oder das Uebersetzen der Retirirenden bedrohen
wird; wunderte mich nur, wie der Feind noch nicht sichtbar ist. Ich entschloss mich da zu bleiben, und alles für den
ungestörten Uebergang vorzubereiten. Am linken höhern
Ufer steht eine in diesem Kriege zerstörte Häusergruppe,
Bordjos genannt. Ich ging den Unserigen eine Strecke
entgegen. Sie kamen ausser allem taktischen Verbande
an, zu meiner Verwunderung — vom Feinde unverfolgt.
Die Hälfte würde gewiss in der Theiss ihr Grab gefun-
den haben. Der tapfere Michl war physisch wie mo-
ralisch völlig erschöpft, und undienstbar. Er nahm meine
freundlichen Vorstellungen an, sich für heute zu schonen,
und so ging derselbe nach Csurug, während ich das Kommando übernahm, um den Uebergang über die Theiss zu
bewerkstelligen. Indessen fing es an dunkel zu werden.
Da entspinnt sich ein heftiges Kleingewehrfeuer am Ufer.
Eine feindliche Division Infanterie und ein Flügel Husaren war richtig von Kuman angekommen, und griff uns
an. Doch kostete es den braven zum Schutze des Ueber-
ganges aufgestellten Csaikisten unter Kommando des Oberlieutenants Stejin und Nationaloffiziers Constantin Bori-
schev wenig Mühe, die unwillkommenen Gäste zurück-
zujagen. Meiner und den Bemühungen der übrigen Offi-

ziere, unter diesen insbesondere des Oberlieutenants Agić gelang es, das Gemäuer am Ufer so lange besetzt zu halten, bis um 1 Uhr Nachts der letzte Mann die Theiss überschritten hatte.

Damit missglückte ein Plan, der gelungen, den Besitz des ganzen Banat's und die Vereinigung mit der Besatzung Temesvar's zur Folge gehabt hätte.

Am selben Tage führte k. k. Oberlieutenant Ferdinand Wolfram des Peterwardeiner Regiments eine Division aus St. Tomasch, Turia und Földvar gegen Alt-Becsej um daselbst das Lager des Feindes zu beunruhigen. Lieutenant Peter Andrić war ihm beigegeben.

Der Kommandant wie die Truppe hielten sich überaus tapfer. Eine Cavallerieattaque trennte das Häuflein. Oberlieutenant Wolfram mit 6 Mann ward umrungen, zur Uebergabe aufgefordert. Einige fielen, alle aber vielfach durch Säbelhiebe verwundet. Wolfram wirft sich mit seinen wenigen Begleitern in das Rohrdickicht im Sumpfe. Nach zwölf Stunden war es ihnen möglich in der Finsterniss aus dem unfreiwilligen Schlammbade und den feindlichen Schlingen zu entkommen, und zu ihren sie todt wähnenden Kameraden zu gelangen.

General Šuplikatz stellte nun jede Offensive ein, es wäre denn, dass man den Feind blos beunruhige, und es begann die weitere Organisirung, Bewaffnung und taktische Ausbildung der unvollkommenen Streitkräfte.

Ende Oktober bezieht Hauptmann Michl Jovanović mit drei Peterwardeiner Bataillons und 12 Geschützen das Lager bei Alibunar. Oberlieutenant Baraić, ihm unterge-

ordnet, mit einem deutschbanater Bataillon, und zwei dreipfündigen Geschützen, jenes bei Karlsdorf.

Das zweite Peterwardeiner Feldbataillon, das sich
so löwenkühn unter Bigga's Kommando bewährt, wurde
durch ein Csaikisten-Bataillon abgelöst. Dasselbe kam unter Michl's Kommando.

Die Verluste durch Kugeln und Krankheiten (die
Cholera wüthete in St. Tomasch stark) hatte jenes Bataillon sehr gelichtet; seine Uebersetzung nach Alibunar
war also eine nothwendige Massregel.

K. k. Hauptmann Davidovatz ward Kommandant von
St. Tomasch. Held Bigga Kommandant von Carlowitz und
der Cernirungstruppen von Peterwardein. Derselbe bildete später, als Oberst Mamula von Westen her die Cer-
nirungsstellung einnahm, den rechten Flügel dieser Aufstellung.

Lager bei Alibunar.

Alibunar ist ein grosser ausgedehnter Ort an der
südwestlichen Spitze des Werschetzer Morastes in der
Niederung gelegen. Ein steiler nur von einzelnen Schüz-
zen zu erklimmender Abhang, sich von Osten nach Westen
dahinziehend, beherrscht von einer Höhe von zehn
Klaftern das Dorf der Länge nach. Einzelne Hohlwege
dienen den Fuhrwerken zur Auffahrt. Oben ist der Terrain eben, und nach einer Stunde beginnt der Deliblater
Flugsand in südöstlicher Richtung. Am Kamme des Abhanges erblickt man einzelne feste Gebäude, einen Fried-

hof, mehrere Obst- und Weingärten. Die Steile des Abhanges währt gegen Osten bis über Karlsdorf, im Westen über Seleusch bis gegen Ilandža. Der Terrain eignet sich daher vollkommen zur Befestigung. Die Chaussée von Werschetz und der Weg von Zichydorf durschneiden den Abhang senkrecht. Oben also — drei sich vertheidigende geschlossene Schanzen durch Jägergräben mit einander verbunden, hätten dem Feinde immer Trotz geboten. Es wurde auch die Befestigung des Lagers vom Corpskommandanten ausdrücklich anbefohlen, und zu dem Ende der Genieoffizier Živanović beigegeben. Der Kommandant unterliess den Schanzenbau. Seine Kühnheit glaubte Befestigungen entbehren zu können. Eine solche Unzukömmlichkeit machte Michl gewöhnlich im nächsten offenen Treffen gut, — und man konnte ihm nicht mehr zürnen. Michl würde mit seinen Peterwardeinern und einigen Escadronen Cavallerie ein Streifcorps glänzend durch die feindliche Stellung bis zur grossen kaiserlichen Armee vor Wien geführt haben, zum Dahinschmachten im schattenlosen Lager schien sein Temperament nicht geschaffen zu sein. Er besass offensive Kühnheit. Er stand bisher am nördlichen Ende der Römerschanze bei Csurug. Bei jedem Angriffe auf St. Tomasch, Turia, Földvar oder links auf Kać erschien er wie der Blitz, warf sich auf den Feind, und nachdem die Gefahr vorbei, verschwand er ebenso schnell. Sein glückliches Zuhülfekommen war so sprüchwörtlich, dass die Mannschaft in ganz entfernten Lagern, im Banate oder Syrmien, überzeugt war: in der grössten Gefahr wird Michl da sein. Ein Peterwardeiner Grenzer charakterisirte mir Jovanović so: „Mikl udara, al

nas i troši (Michl schlägt darauf los, aber er verschwen-
det uns auch)."

In jeder Armee tauchen solche Charaktere auf. Bei
der grossen Auswahl und den Mitteln gibt man ihnen
die besser zusagenden Rollen. Im österreichisch-serbischen
Armeecorps war das unausführbar.

Baraić deckte seine Front jenseits Karlsdorf mit einem Jägergraben.

Zu dieser Zeit schlug General Šuplikatz sein Hauptquartier in Pancsova auf, um dem bedrohten rechten Flügel der ausgedehnten Aufstellung näher zu sein, und um
die Verbindung mit Temesvar und Siebenbürgen leichter
herstellen zu können.

Der unermüdete Oberst Maierhoffer erschien bald im
serbischen Hauptquatier, bald in Siebenbürgen, bald in
Temesvar. Durch ihn bestand die Verbindung zwischen
den drei Hauptquartieren.

Patriarch Rajačić leitete die politischen, das Central-
comitée zu Carlowitz unter ihm die ökonomischen Angelegenheiten.

Ich befand mich in letzterem Orte.

Die Kanonen aus den Carlowitzer Schanzen verkündeten der Festung Peterwardein unsere Freude über die
Einnahme von Wien durch kaiserliche Truppen.

Am 7. November greift Damjanić im Bunde mif Ro-
zsa Sándor Oberlieutenant Bessarabić bei Straža an, und
wirft ihn mit grossem Verluste zurück.

Am 11. November wurde Lippa, am 13. Neu-Arad
und das ganze linke Maroschufer durch die Besatzung der

Festung Temesvar und mit Hülfe des Puchner'schen Corps gewonnen.

Bataillon Zanini

In Neusatz befand sich ein Bataillon des Regiments Zanini unter dem Kommando der Festung Peterwardein. Zu wiederholten Malen kamen an General Šuplikatz anonyme Aufforderungen, einen im fortifikatorischen Fache kundigen Offizier nach Neusatz zu einer wichtigen Besprechung zu schicken. Endlich erlaubte mir der General, diese Unternehmung zu wagen. Am 30. November Mittags fuhr ich mit einem Einspänner von Kamenitz aus (denn den Bewohnern von hier war der Eintritt in die Festung erlaubt) durch die Vorposten (wo mein Begleiter den Erlaubnisschein vorwies) durch das Esseker Thor und durch die Festung nach Neusatz. Kanonendonner erdröhnte ununterbrochen von Früh bis jetzt von der Seite St. Tomasch's her. Auf der Brücke begegnete ich ein Bataillon Dom Miguel, das gerade von dem Piroser Walde einrückte. Dort aufgestellt, hatte es den Ausgang des Kampfes am Kanale erwartet.

Mit meiner Losung „Albert Ivan" fand ich bald meinen Mann; wir trafen im Keller des kaiserlich gesinnten Bürgers Kirjaković zusammen. Es war der k. k. Feldwebel Wenzel Menhard (gegenwärtig Rittmeister bei der Gensd'amerie) von Zanini. Er theilte mir seine kühne Idee mit: das österreichisch-serbische Armeecorps entsendet Nachts aus der Römerschanze drei bewährte Bataillons

gegen Neusatz an dem Tage, wo das Bataillon Zanini
auf Vorposten steht. Mit diesem vereint rückt die Colonne vor, überrumpelt die Brückenschanze, und stürzt
sich in die Festung zur Zeit des Tagesanbruches, wo die
Thorwachen gerade sich waschen und in Unordnung sind.
Die Eingedrungenen bemächtigen sich des Thores und
Walles, wo k. k. Kanoniere stehen, und grösstentheils
einverstanden sein werden. Sechs Bataillone der zehnten
Jäger oder Kinsky, Kaiser oder Franz Carl — und wir
durften es wagen, weil derlei Unternehmungen nicht nur
Tapferkeit, sondern die höchste Potenz der Disciplin er-
fordern. Ich stellte Menhard in Rücksicht der Beschaffen-
heit der Festung, und des Vorhandenseins einer Ober-
festung, deren Besatzung schlagfertig ist, dann in weiterer
Berücksichtigung, dass wir dadurch die besten Kräfte aufs
Spiel gesetzt hatten, wodurch Alles zu verlieren, wenig
aber zu gewinnen war, — die Unausführbarkeit des Pla-
nes vor, und besprach nun mit ihm, wie das Bataillon
Zanini wieder in die Reihen der kaiserlichen Armee treten könnte. Ich bewunderte die Kühnheit Menhards mitten im feindlichen Lager, und seine energischen Mass-
regeln, indem er im Stande war, binnen kürzester Zeit
sämmtliche Unteroffiziere des Bataillons in der serbischen
Kirche unbemerkt zu versammeln und Befehle zu ertheilen.

Abends gegen 8 Uhr, es dunkelte schon, fuhr ich
wieder nach Kamenitz. Nur das Belgrader Thor war offen. An der Thorwache sah ich weder die Schildwache
noch irgend einen Mann. Die Gewehre lehnten am Schran-
ken. Es blies ein heftiger Wind. Von hier nun bis zu

jenem Offiziersposten an der Kamenitzer Seite um das ganze Glacis herum, sah ich auch 'nicht einen Menschen. Der Offiziersposten war leicht aufgehoben. Mir schlug das Herz heftig. — Ich konnte einen solchen nachlässigen Festungsdienst nicht begreifen.

Mitte Dezember 1848 marschirte das Bataillon Za-nini unter Commando des k. k. Hauptmann Massburg mit fliegender Fahne (letztere holte Menhard, indessen zum Offizier avancirt, ab) und klingendem Spiele um Mittag aus Neusatz „auf Vorposten" und zu den Römerschan-zen, — wo es von unseren Csaikisten brüderlich empfan-gen wurde.

Ehre dem Bataillon, und Ehre allen jenen Offizie-ren und Unteroffizieren, vor allen Andern aber dem ein-zigen und vortrefflichen Menhard, der so erfolgreich für seines Regimentes, für seiner Fahne Ehre so Ausseror-dentliches gethan!

Gefechte auf allen Punkten.

An demselben Tage, den 30. November 1848, ge-schah vom Feinde ein allgemeiner kombinirter Angriff auf alle unsere Stellungen im Banate und der Bacska.

Vetters Disposition hiezu war folgende:

Die Stellung Knitjanins, als die wichtigste, soll durch die Hauptcolonne von Becskereck unter dem Commando Vet-ters forcirt, durch andere Colonnen von Werschetz unter Damjanić, und von Weisskirchen gleichzeitig die Lager

Alibunar, Carlsdorf und an der Karasch angegriffen, und gegen Pancsova verfolgt werden.

Am selben Tage hatte das Bacser Armeecorps St. Tomasch und die übrigen Lager anzugreifen.

Daher also jener Kanonendonner, als ich in Neusatz war. Gott und die Tapferkeit beschützte uns. Und so schlug Knitjanin, Davidovatz, Michl Jovanović und Baraić den Feind zurück. Nur Karasch verunglückte. Kommandant Peter Bobalić that für seine Person mit einigen wenigen seiner Offiziere, worunter der eifrige Stewa Wranješević das Möglichste, aber die Fliehenden zu sammeln, überstieg Menschenkräfte.

Bobalić zog sich weiter zurück, und am selben Tage stand schon sein Lager bei Deliblat.

Am 2. Dezember kam ich nach Pancsova. Daselbst befanden sich zwei k. k. Offiziere, Oberlieutenant Baron Fürth und Ohrenstein im Hauptquartier, vom FML. Rukavina dem Generalen Šuplikatz zur Verfügung gestellt.

Zweiter Angriff auf unsere Lager.

Am 5. Dezember erneuert der Feind seinen allgemeinen Angriff. — Diessmal hatte die Disposition gänzliche Vernichtung oder Gefangennehmung Knitjanins zum Zwecke. Das ganze feindliche Armeecorps war am Abende des 4. Dezembers in Ecska, Sigmundsfalva und Lazarfeld koncentrit.

Die Disposition hiezu war folgende:

Die Hauptcolonne 5 Bataillons, 3 Eskadronen, 18 Geschütze marschirt Nachts von Ecska nach Orlovat, übersetzt die Temes mittels einer indessen fertig gewordenen Pontonbrücke, sckwenkt links, und besetzt um Tagesanbruch im Rücken Knitjanins das Dorf Tomaschovatz. Um diese Zeit geschicht der Frontalangriff mit 2 Bataillons, 4 Eskadronen, 6 Geschützen von Sigmundfalva, und mit einer ebenso starken Colonne in unsere rechte Flanke von Lazarfeld her.

Im Ganzen also zählte der Feind:

9 Bataillone, 11 Eskadronen, 32 Geschütze = 12,000 Mann, die Nationalgarde nicht mitgerechnet.

Knitjanin hatte das dritte Deutschbanater Bataillon unter Kommando des k. k. Oberlieutenants Theodor Lazié, und seine Serbianer, zusammen 2810 Mann, 12 Geschütze. Ausser diesen in den Redouten stehenden Trüppen befand sich zu Kovacsitza eine winzige Reserve, zwei Compagnien der Pancsovaer Bürger unter Commando des Bataillonskommandanten Georg Milutinović. Dieselbe wurde vom General Šuplikatz für diesen vorausgesehenen Kampf eigens dahin disponirt.

Dritter Kampf bei Tomaschovatz.

Am 5. zur Zeit der Morgendämmerung passirt die Avantegarde der feindlichen Hauptcolonne die Brücke bei Orlovat. Es ist starker Nebel. Eine Hussarendivision hat rechts, seit- und vorwärts, die Front gegen Kovacsitza, Stellung genommen, den Uebergang zu protegiren. Jene

Reservedivision hatte Befehl, den Uebergang zu beobachten. Tollkühn stürzet sie sich auf die Hussaren, das Geplänkel wird lebhaft. Ein Bataillon der feindlichen Hauptcolonne mit einer Eskadron ist indessen schon am halben Wege nach Tomaschovatz. — Das Gros der Hauptcolonne, von den retirirenden Hussaren angesteckt, stutzt,
und da gleichzeitig der Frontalangriff schon entbrennt,
entschliesst es sich umzukehren, in der sichern Ueberzeugung, dass da eine viel grössere Reserve ihren Rückzug bedroht, und fasst nun Knitjanin in die linke Flanke
längs dem rechten Temesufer aufwärts rückend. — Der
Kampf ist fürchterlich, Sturm folgt auf Sturm, und jeder
wird abgeschlagen. Endlich wird die Cavallerie en Colonne in Eskadronsbreite zur Attaque vorgeschickt. Bis
zum Grabenrande ist es ihnen zu gelangen möglich. Aber
hier war sicherer Tod.

Vom Stürmen ruht der Feind, nur das Geschütz
donnert aus dem Halbkreise in die Redouten. Jetzt erst
sieht Knitjanin von seiner Höhe, dass das feindliche Bataillon und eine Eskadron in seinem Rücken in Tomaschovatz eingerückt ist. Nationalhauptmann Pekić mit einer Deutschbanater Division, dann 200 der auserlesend-
sten Serbianern wird hinabgeschickt. Der Feind war schon
am Kirchplatze. Wie ergrimmte Löwen fielen die Unsrigen über ihn. — Die Serbianer wussten sich von Knitjanin beobachtet, das erhöhte ihren Muth. Der Feind
weicht, flieht und wird bis an die Brücke verfolgt. Hier
finden viele in der Temes ihr Grab. Die Brücke fällt in
unsere Hände. Orlovat wird geräumt. — Um 3 Uhr
schweigt der Kampf auf allen Punkten.

Das war heute wohl der glänzendste Sieg, den Knitjanin im ganzen Kriege erfochten. Später mag er mit
grösserer Truppenzahl, wohl auch mit weiter ausreichen-
den Folgen welchen errungen haben, aber so glänzend
war keiner.

Jetzt aber, freundlicher Leser! Blicke hinüber auf
die bescheidene Reserve. Der Erfolg ihres Angriffes ist
grösser, als sie es selbst heute noch ahnet. Knitjanins
Fall war unvermeidlich, wenn in Tomaschovatz 5 Bataillons, 3 Escadronen, 18 Geschütze in seinem Rücken erscheinen. Wer durchriss des Feindes wohl durchdachten
Plan? — Wer zernagte des Löwen Netz? — Eine kühne
Schaar dem Kaiser und Vaterlande treuer Bürger, welche uns an Schillers Worte erinnert:

> „Und was der Verstand des Verständigen nicht sicht,
> Das übet in Einfalt ein jugendlich Gemüth."

Der Feind schiebt in seiner Relation die Schuld des
Umkehrens der Hauptkolonne auf den undurchdringli-
chen Nebel.

Zwei Pancsovaer Bürger fielen bei der Bravour der
Reserve den Heldentod : Georg P. Jovanović, Vater von
sechs Kindern, und Johann Tranta, gleichfalls Familienvater.

Hier muss auch etwas vom äussersten linken Flügel bei Essek gesagt werden.

Feldzeugmeister Ban Jellačić hatte endlich, in der
Front durch die Donau gedeckt und in der rechten
Flanke vom Feinde nicht gestört, seine Zurüstungen zur
Noth vollendet, und überschritt die Drau zur Offensive
gegen Ofen.

Der kühne Marsch bis Velence, das Geschick des
Roth'schen Korps, des Ban geniale Auffassung der Zeit-
umstände, sein Erscheinen vor Wien, sind bekannt.

Kroatien und Slavonien, an Wehrmännern völlig erschöpft, lag dem Feinde von Essek aus — blosgestellt.

Auf Ansuchen des Broder Grenzregiments verstärkte
General Šuplikatz das Lager bei Dalja. Major Čorić, Hauptmann Radosavljević und Rajačić, beide in Pension, führten die Truppen an. Kasimir Battyany machte mehrere
Ausfälle aus der Festung, um kriegerischen Ruhm zu ern-
ten. Nach Wochen stand er am selben Fleck noch, denn
unsere Mannschaft, heute versprengt, sammelte sich andern Tages auf derselben Wahlstatt wieder.

General Thodorović mit 10.000 Mann, der am un-
zulänglichsten Bewaffneten, aus Wien in Kroatien angekommen, übernimmt das Kommando des vor Essek stehenden Beobachtungskorps.

Die kaiserliche Hauptarmee beginnt ihre Operationen.

Im November 1848 trifft zum zweitenmale die
feindliche Baes-Banater Armee Kossuths Befehl, ein Armeekorps von 10,000 Mann abzusondern, und Görgey
zu Hülfe zu senden.

Die feindlichen Kommandanten glaubten sich vom
südlichen Kriegsschauplatze nicht trennen zu können, bevor nicht die Serben, oder doch die im Banate stehenden Lager bezwungen sind. Auf den zweiten Befehl Kossuths erfolgte der dritte allgemeine Angriff auf unsere
Stellungen. Jetzt oder nie wollte der Gegner obsiegen.
Der 12. Dezember war zur Ausführung folgender Disposition bestimmt:

1. Damjanić greift mit 2 Bataillons, 3 Escadronen, 8 Geschützen die Stellung bei Karlsdorf an, verbindet sich am selben Tage mit dem von Zichydorf herankommenden und zu gleicher Zeit Hauptmann Michl Jovanović angreifenden Insurgentenführer Gergely. Durch diesen auf 4 Bataillons, 5 Escadronen, 12 Geschützen verstärkt, verfolgt er nicht den geworfenen Michl Jovanović gegen Pancsova, sondern marschirt, an den Ableitungskanal gelehnt, über Illandža, Dobritza, Jarkovatz, die kleinen Posten daselbst niederwerfend, und nimmt bei Tomaschovatz mit der aus Neuzine herangezogenen Verstärkung in Knitjanins Rücken Stellung.

2. Die Haupttruppe unter Kommando Vetters: 5 Bataillons, 8 Escadronen, 26 Geschützen, bricht am 12. von Becskerek auf, marschirt in zwei Kolonnen, die eine über Eszterhaza, die andere über Sigmundfalva gen Tomaschovatz, und nehmen im Halbkreise ausser der Schussweite Stellung, bis Damjanić sich von Jarkovatz her sehen lässt. Dann Angriff auf Knitjanin, und unverzügliche Vorrückung nach Pancsova.

Wieder lag des letzteren Vernichtung in Absicht. So gut durchdacht die Disposition war, enthält sie dennoch den Fehler, dass nicht Damjanić nach der Einnahme Alibunars geraden Weges nach Pancsova rückt. Die Strecke ist kürzer als jene von Tomaschovatz dahin, zu dem erfährt Knitjanin den Fall von Alibunar, wenn Damjanić schon Neudorf erreicht hat.

Gefecht und Verlust von Alibunar.

Am 12. Dezember Mittags sehen wir zu Pancsova die ersten Verwundeten, und bald darauf zeigte uns eine gegen Himmel wirbelnde riesige Rauchwolke die Richtung von Alibunar. Baraić wird zuerst angegriffen. Er fechtet mit Verzweiflung. Nach drei Stunden Kampfes weicht er, aber Schritt für Schritt. Baraić für seine Person, mit dem Genieoffiziere Živanović und einem hoffnungsvollen Jünglinge, Lieutenant Rajacsić, und noch 20—30 Mann den Rückzug deckend. Die Bravour dieser Wenigen entlockt dem Feinde den Ruf: „Éljen a Baraić!"

Indessen ward der im Norden des Ortes in der Fläche stehende Michl Jovanović auch angegriffen. Sein Rückzug zu den Höhen erfolgt, die daselbst aufgestellten Reserven halten den Feind auf, aber bereits war die Stellung von allen Seiten eingeschlossen, keine Schanze bot einen Haltpunkt, die einzelnen Kompagnien und Michl Jovanović selbst müssen sich mit dem Bajonet den Rückweg nach Neudorf bahnen. Wie vorauszusehen, ward der grosse Ort ausgeplündert und in Brand gesteckt. — Zu dem wohlfeilen Schmause fanden sich sogar Bewohner entfernter und naher Ortschaften ein.

Unser Verlust war sehr gross, darunter k. k. Lieutenant Živanović vom Geniekorps, und Lieutenant Rajacsić. Sie wurden von den Husaren zusammengehauen. Dieser Braven irdischen Ueberreste sollen jetzt noch rechts der Chaussée von Alibunar nach Karlsdorf, gerade da, wo die Strasse mittelst einer Krümmung den Höhenrand

erreicht, in einem in den Strassengraben mündenden Was-
serriss verscharrt liegen, selbst ohne den christlichen Merk-
mahle des Kreuzes.

Weil Damjanić seinen mit Morden und Sengen mar-
kirten Streifzug gegen Illandža am 13. fortsetzt, durch-
blickt General Šuplikatz des Feindes Plan, und eilt ihm
zuvorzukommen. Das Armeekorps muss am 14. Dezember, in Neudorf concentrit, Damjanić aufgesucht, ob bei
Tage oder Nacht angegriffen und geworfen werden. Dies
muss den Feind in dessen weiteren Operationen auf Pancsova lähmen.

Nachmittags des 14. um 3 Uhr waren alle Truppen
zu Neudorf versammelt. Knitjanin liess in den Tomaschovatzer Redouten nur 100 Mann unter Kommando Zukić's
zur Beobachtung des Feindes. Um 4 Uhr Nachmittags
brach schon das Armeekorps auf, in der Richtung von
Padina und Samosch, am Kanale den Feind aufzusuchen.
12 Uhr Nachts bestättiget sich die Voraussetzung. Damjanić mit seiner Truppe lag in Quartieren zu Jarkovatz.
Auch erfuhren wir, dass dessen Verbindung mit dem
Gros über Neuzine bereits hergestellt, und einige Bataillone Nationalgarden als Verstärkung jenseits des Ableitungskanals lagern.

Nächtlicher Kampf bei Jarkovatz.

In Samosch entwarf der General seine Disposition, und es wurde ohne Verzug zur Ausführung geschritten: k. k. Hauptmann Peter Jovanović mit zwei Kompagnien Peterwardeiner und einer halben Kompagnie Jarkovatzer, unter Kommando des Nationallieutenant Paul Putnik, marschirt auf das in der Mitte zwischen Margititza und dem Angriffsobjekte liegende Wäldchen, knapp am Kanalufer gelegen (der Weg geht durch Weingärten), besetzt den Wald, und links schwenkend geht die Hälfte der Truppe längs dem Kanale, und postirt sich unbemerkt am Saum des Dorfes. Ein Trupp ausgewählter Schützen unter Paul Putnik schleicht sich am Ufer und Ortsrande fort bis zu der ungefähr hinter der Mitte der Ortsausdehnung gelegenen hölzernen Brücke, und fasst Posto. Oberlieutenant Lazić geht links ebenfalls mit einer Division Deutschbanater um des Feindes rechte Flanke bis an den Kanal, und besetzt, analog dem andern Detachement, den Dorfsaum und die Brücke. Der Zweck war, beide Seiten festzuhalten und kein feindliches Geschütz über die Brücke hinüber zu lassen.

In der Front bildet das 3. und 4. Deutschbanater Bataillon, die Serbianer als Tirailleurs, unter Kommando Knitjanins das erste, die zwei illirisch-banater Bataillone das zweite Treffen, die drei Peterwardeiner Bataillone unter Michl Jovanović die Reserve. Letztere blieb an der Erhöhung hinter der nach Tomaschovatz führenden Strasse stehen.

Um 3 Uhr nach Mitternacht geschah unser Angriff.
Knitjanins Mannschaft stürzt sich auf die Vorposten, und
mit diesen in die Gassen, und in die Häuser. Die Er-
schreckten und Ueberraschten werden in den Gemächern,
an der Thürschwelle, beim Aufsitzen niedergemacht. Das
feindliche Geschütz im Fliehen stockt an der Brücke, die
Unsrigen sind am Hauptplatze, der Feind fällt oder flieht
über den Kanal hinüber. Zwanzig reiterlose Husaren-
pferde sprengen, scheu geworden, in unser zweites Treffen. Knitjanins Serbianer führen zwei sechspfündige Geschütze im Triumpfe daher. Der Feind hat sich jedoch
jenseits gesammelt, durchwatet zwischen dem Wäldchen
und dem Dorfrande den Kanal, und stürmt. Unser zweites Treffen ist verzagt. Die Morgenröthe lässt uns den
Feind vor uns aufmarschiren sehen. Das zweite Treffen,
mit Ausnahme des Bataillons, welches Oberlieutenant Vin-
cenz Bessarabié kommandirte, das standhaft in der ursprünglichen Formation am selben Platze unverrückt stand,
wendet sich zur Flucht. General Šuplikatz sprengt in dem
dichtesten Kugelregen heran. Die Ordnung wird hergestellt. Doch Knitjanin ist durch das verzögerte Nachrücken
gezwungen, mit einem Theile seiner Truppen zu weichen.
Der andere Theil, die Verwegensten, ziehen mühsam das
eroberte Geschütz daher, und fallen in Feindeshände. Dieser hat sich nemlich schon zwischen uns und dem Dorfe
völlig entwickelt. Der Tag ist angebrochen. General Šuplikatz lässt die Reserve vorrücken, um die sich Zurück-
ziehenden aufzunehmen und abzulösen. Im Rücken des
Feindes hört man starkes Abtheilungsfeuer; es sind unsere im Orte Umzingelten. Da wälzt sich rechts ein Klum-

pen aus dem Dorfe, von Husarenabtheilungen um-
schwärmt. Die kleine Schaar verzweifelt nicht, — fech-
tend erreicht sie des Feindes äussersten linken Flügel.
Ich sprenge dahin, es ist der jugendliche Held Paul Putnik mit ungefähr 50—60 Mann. Als er sich umrungen
sieht sammelt er die Nächsten um sich, Peterwardeiner
und Deutschbanater; sie wollten sich durchschlagen oder —
fallen. Eine Division Wasa versperrt ihnen den Weg,
ihr Kommandant fordert Putnik zur Uebergabe auf. „Nein,
aber fechten und sterben wollen wir!" Durch die und
eine Escadron Husaren, die sich mit Wuth auf unser
Häuflein stürzt, bahnt sich Putnik den Weg. Jubelnd empfing sie unsre Manschaft. Das Armeekorps war gesammelt, und in Schlachtordnung aufgestellt. Beide Partheien
beobachteten sich gegenseitig ohne einen Schritt zu thun.
Das Dorf Jarkovatz wird Haus um Haus durch die Nationalgarden angezündet.

Jetzt erdröhnt von Tomaschovatz her Kanonendonner. Ungefähr nach einer halben Stunde steht auch dieser Ort in hellen Flammen. Hauptmann Peter Jovanović
kommt von Margita her mit einer Kompagnie, es war
die kleine Reserve im Wäldchen, von dem hier vordrin-
genden Feinde zurückgeworfen. Von Oberlieutenant Lazić
hatte man noch keine Spur. Der Feind trat seinen Rückzug über den Kanal an. General Šuplikatz den seinigen
nach Samosch und Ludwigsdorf (Padina). Hier während
der Rast kommt der tapfere, von uns schon betrauerte
Lazić, zu unser aller Freude. Damjanić, nachdem er mit
schonungsloser Wuth alle Bewohner, die nicht entkamen,
ohne Unterschied des Geschlechtes niedermachen liess,

ging nach Neuzine. Wir hatten bei **200** Mann Verlust, darunter der mit Lazić abgerückte Nationalhauptmann Pekić.

Der Verlust war bedeutend, aber der Sieg gewonnen. Die Aufgabe des Feindes war nur halb gelöst.

Damjanić war gelähmt und zu jeder ferneren Operation untüchtig gemacht worden.

General Šuplikatz parirte das über Pancsova gerückte Schwert.

Damit ward der südliche Theil des Banats erhalten.

Verlust von Tomaschovatz.

Die Haupttruppe des Feindes, die laut Disposition am 14. Dezember Abends die Stellung bei Tomaschovatz auch richtig im Halbkreise einschloss, schritt nun andern Tags, ohne auch nur eine Ahnung von dem, was vorgefallen, zu haben, und auf Damjanić vergebens wartend, zum förmlichen Angriffe. Zukić hatte kluger Weise, so wie die Bevölkerung von Tomaschovatz, Nachts seine Stätte verlassen. Der Feind glaubte am 15. Morgens, die Besatzungen der Schanzen hätten absichtlich sich den Blicken des Feindes entzogen. Das Geschütz fuhr auf und jenes zu unseren Ohren gedrungene Batteriefeuer begann. Nachdem man den Irrthum sah, rückte sogleich Alles über die Temes und statt dass die Truppen gegen Jarkovatz vorrückten, blieben sie am Orte, einem guten Köder, hangen.

13

Der Wütherich Damjanić wollte seine Grausamkeit an den Jarkovatzern beschönigen, indem er vorgab, dass der nächtliche Angriff im Einverständnisse der Bewohner geschah. Wusste ja der General Šuplikatz selbst nicht, so wie keiner des Corps, wo wir überhaupt auf den Feind stossen würden. Wie hätte also ein Einverständniss herbeigeführt werden können?

Jarkovatz fiel unverschuldet dem höheren Zwecke zum Opfer.

Unsere Truppen hatten das strengste Verbot, nicht Feuer anzulegen. Nach dem Treffen nahmen es Kurzsichtige, die den Erfolg nach Augenblicken bemessen und den sieggekrönten Kampf für verloren glaubten, dem General übel, nicht von vorne herein das Dorf in Brand gesteckt zu haben. Auf solche Zumuthungen lässt sich nichts sagen. Aehnliche Robespierre'sche Dinge lassen sich nur in der Verzweiflung oder — im Wahnsinn ausführen.

Heute das erste aber auch das letztemal führte der geliebte Führer sein Corps. Seine Gegenanstalten waren vom günstigsten Erfolge begleitet, eben so wie seine persönliche Tapferkeit. Aber noch eine Seite seines liebreichen Charakters kam ans Tageslicht: seine Menschenliebe, seine Milde, seine beispiellose Selbstbeherrschung. Als das linksstehende Bataillon des zweiten Treffens sich gänzlich aufzulösen drohte, und der General herbeieilte, Ordnung zu machen, da stürzten sich zwei der Verzagtesten dennoch in die Flucht. Der General setzt ihnen nach, ich überreiche ihm auf Befehl mein Pistol und er feuert es — hoch ab. Die Fliehenden stehen und erwarten bebend den Todesstreich. Da sagt Šuplikatz mild lächelnd: „Seht Ihr, wie ich Euch jetzt hätte tödten können!“ Er wusste, und auch Dir, freundlicher Leser, ist es bekannt, wie diese Bataillone weder disciplinirt, noch eingeschult, noch ordentlich ausgerüstet waren. Es waren Landstürmler, die allerdings mit Begeisterung dem Feinde des Thrones und Vaterlandes sich entgegenstellten; aber die Begeisterung verflüchtiget, während die Disciplin und die militärische Ehre, über jedwede Gefahr und jedwede Mühseligkeit erhaben — sich behauptet. Uebrigens stehen diese Fälle vereinzelt da. Was dem einen Theile durch Blut, weichlichere Lebensweise oder andere physische oder moralische Einflüsse an Muth und Ausdauer abging, ersetzten die andern Theile mit Vollgewicht. Da ist das dritte deutschbanater Bataillon, die Csaikisten, St. Tomascher, die Peterwardeiner. Wir sehen Peterwardeiner Grenzer im Banat, in St. Tomasch, vor Peterwardein gleichzeitig fechten. Sparta selbst hätte gewiss keine grösseren Opfer dem Vaterlande geboten.

Daher mögen die Leistungen des österreichisch-serbischen Armeecorps nach dem Endresultate beurtheilt und gewürdigt werden.

Die Verstärkungen aus Serbien.

Wiewohl der Feind seine Vorrückung auf Pancsova aufgegeben und seine bisherigen Stellungen wieder eingenommen hatte, — so stand doch ein erneuerter Angriff auf das österreichisch-serbische Armeecorps in Aussicht. — General Šuplikatz bat daher den Fürsten von Serbien, Alexander Karageorgievié, um weitere Verstärkungen. Der Fürst gestattete den sich freiwillig Meldenden herüber zu kommen und nun strömten aus allen Bezirken, unter Führung von tüchtigen Männern, Freiwillige herbei. Letztere bildeten den Kern der serbischen Hilfstruppen. Durchgehends Familienväter untadelhaften Lebenswandels, verliessen sie Haus und Hof, Weib und Kinder, um grossmüthig ihren Brüdern und Glaubensgenossen zu helfen, wohl eingedenk der jüngstverflossenen Zeiten — aus dem Kriege unter Cserni Georg, wo die vor der Mordwuth der Türken fliehenden serbischen Familien zu Tausenden durch des Kaisers Milde auf österreichischem Gebiete Schutz, Obdach, Verpflegung und christliche Liebe fanden.

Bald war das Hilfscorps unter Knitjanin's Befehlen auf 10,000 Mann herangewachsen. Allgemeine Freude herrschte darüber. Wohl die grösste Freude mag General Šuplikatz gefühlt haben. Jetzt konnte er jedweder feindlichen Offensive mit Zuversicht entgegentreten, ja selbst zur Offensive schreiten.

Aber im Rathschlusse Gottes war es anders bestimmt.

Am 27. Dezember brachte Morgens ein Courier die beglückende Nachricht, Se. Majestät habe den General Šuplikatz zum Wojwoden der serbischen Nation zu ernennen und ihm den Orden der eisernen Krone erster Klasse Allergnädigst zu verleihen geruht. Ich war der Glückliche, der Erste diese Kunde dem Wojwoden zu überbringen. Seine Freude war ausserordentlich ; doch der General schien sich beherrschen zu wollen. Den ganzen Vormittag brachte er theils im Arbeitszimmer, wo ich und dessen Sekretär, A. Stojačković, anwesend waren, theils in Gesellschaft des General Luxetić zu, mit welchem er in sehr intimen Beziehungen die letzten Stunden seines Lebens verbrachte.

Nachmittags war die Ankunft einer starken Abtheilung Hilfstruppen von Kubin her angesagt, unter der Führung eines Bruders des serbischen Freiheitshelden Hajduk Weljko.

Wojwode Stephan ritt, beim Militärspitale vorbei, auf der Bavaništer Strasse entlang, um die ausserhalb des Mauthschrankens rechts aufgestellten Serben zu bewillkommen. In seiner Begleitung befand sich der k. k. Hauptmann Janosch, Corpsadjutant, ich, der k. k. Oberlieutenant Ohrenstein und mehrere jüngere Offiziere. Es war ein kalter, aber sonnenheller Tag. Es mag 2 Uhr Nachmittags gewesen sein, als der General die Front besichtigte. Er begrüsste die Truppen mit den Worten: „Seid willkommen, Helden und Brüder! Die Welt blickt auf Euch und sieht, wie Brüder Brüdern zu Hilfe eilen." Kaum dies ausgesprochen überfällt ihn heftiger Husten. Wir treten den Rückweg an. Der Husten erneuert sich. Ich springe vom Pferde und bitte den General in das nächste Haus zu treten — mir war diese Erscheinung als gefährlich bekannt, da dieselbe Krankheit in Semlin den General einmal befiel. Das Uebel ward stärker und stärker. Hauptmann Janosch und ich halfen ihm vom Pferde und führten ihn in das zweite Häuschen vom Rande der Stadt,

Haus Nr. 1634. Sogleich wurden Reibungen, vorzüglich auf der Brust und am Halse vorgenommen, denn hier fühlte der Erkrankte Symptome des Erstickens. Kein Arzt, keine sonstige Hilfe in der ärmlichen Hütte.

Binnen zehn Minuten war Šuplikatz der irdischen Welt entschwunden. —

Inmitten des Krieges war der Verlust des Oberhauptes für das serbische Volk noch empfindlicher. Kein Auge blieb trocken bei der Trauerbotschaft. Erst jetzt erkannte das Volk die Grösse seines Unglücks.

Wer trocknete Dir, serbisch Volk, die Thränen? Franz Joseph war's! — Der Kaiser und Herr nannte sich „Grosswojwode" der serbischen Nation. — Der allgütige Monarch bezeichnete jenen Boden, wo die Serben wohnen, wo das Blut der Vertheidiger für Thron und Vaterland reichlich floss mit dem Namen „Wojwodschaft Serbien und Temeser Banat."

Deinem Andenken aber, uns zu früh entrissener Führer, weihet diese Erinnerungen an Dein wohlthätiges Wirken für Fürst und Vaterland Dein Jünger — in Ehrfurcht und Dankbarkeit, Liebe und Dehmuth.

DRITTER ABSCHNITT.

Das Interimscommando übernahm der k. k. Oberst Maierhoffer.

Der Feind, kaum in Kenntniss vom Tode Šuplikatz's, eilt die geglaubte Verwirrung zu benutzen und unsere letzte Zufluchtsstätte im Banate zu nehmen. In Neudorf, zwei Meilen von Pancsova an der Strasse nach Werschetz gelegen, stand der k. k. Hauptmann Phillipp Scharić mit zwei illirischbanater Bataillons und 1 Batterie Geschütze. In Zrepaja, links davon, General Knitjanin mit 5000 Mann Serbianern und dem 3. und 4. Bataillon deutschbanater Grenzer. Als Reserve für beide kantonirte Hauptmann Michl Jovanović mit drei Peterwardeiner Bataillons in Franzfeld. In Pancsova stand der andere Theil der Serbianer, die Division National-Uhlanen, die 8 Compagnieen des städtischen Landwehr-Bataillons, von welchem Abtheilungen die Brücken über die Nadelja im Halbkreise nach Bavaniste, Neudorf und Zrepaja besetzt hielten. Im Rücken dieser Aufstellung der breite Ried und die Donau, in diesen Tagen durch den ersten Grad des Gefrierens völlig unpassirbar. Ein einziger, doch gefahrvoller Rückzug stand also den Truppen über Palanka und Bazias längs der Donau nach Siebenbürgen offen. Der Feind hatte auf seinem linken Flügel in Weisskirchen nur so viele Truppen, dass sie uns im Rückzuge kaum zu beunruhigen vermochten.

Hauptmann Scharić meldete am 31. Dezember 1848, dass das feindliche Armeecorps unter Kiss von Werschetz kommend bei Petrovoselo lagert, daher am 1. Jänner unausbleiblich der Zusammenstoss zu gewärtigen sei.

Gefecht bei Neudorf.

Oberst Maierhoffer befehligte auf den 1. Jänner Morgens alle Truppen zur Vereinigung bei Neudorf. Die Brigade Knitjanin, zu der ich für diesen Tag bestimmt war, bricht um 5 Uhr aus Zrepaja auf. Am halben Wege schon hören wir die Kanonade bei Neudorf. Nach hartnäckigster Gegenwehr ward Scharić aus seiner höchst ungünstigen Aufstellung in den Weingärten jenseits des Ortes verdrängt; der Feind erreicht die Einfassung des Ortes und zündet zehn bis zwölf Häuser an. Hauptmann Michl Jovanović war indessen von Franzfeld eingetroffen, ebenso Oberst Maierhoffer, der das Gefecht in Person leitete, mit einzelnen Abtheilungen aus Pancsova. Die Peterwardeiner besetzten diesseits des Ortes die knapp daran stossenden Weingärten senkrecht über die Chausée. Scharić plänkelte noch hartnäckig im Dorfe. Der Feind entsandte aus seiner rechten Flanke zwei Husaren-Divisionen mit vier Cavallerie-Geschützen, welche Colonne, das Dorf umgehend, Scharić in Flanke und Rücken fassen sollte. Als sie gerade in der Mitte der Dorftiefe sich befand, erschien die Brigade Knitjanin am Schlachtfelde. Die beiden Grenzbataillone in geschlossenen Divisionscolonnen, die Serbianer in erster und zweiter Linie aufgestellt. Das Geschütz machte einige Schüsse, und jene Umgehungscolonne zog sich zurück. Rechts stand die Brigade mit dem Centrum in Verbindung. Der Geschützkampf währte einige Zeit, als der Feind mit Nachdruck aus dem Dorfe sich zu entwickeln begann. Unser Centrum, ja sämmtliche Abtheilungen, wurden aus ihrer ohnehin unhaltbaren Stellung gedrückt, und treten den Rückzug an, wobei so ziemlich die taktische Ordnung verloren ging; die von Pancsova Gekommenen ziehen eben dahin, Hauptmann Michl Jovanović gegen Franzfeld. In diese Regellosigkeit ward auch, aber nur zum Theil, Knitjanin's Brigade gerissen. Die Ebene war besäet mit Retirirenden — Fliehende konnte man sie nicht nennen — denn, wie sich dies schon einigemal herausgestellt, nicht Feigheit, nur Indisciplin löste die Abtheilungen auf. Die so zerstreuten gingen Schritt für Schritt langsam zurück und fiel es dem Feinde ein, mit einer Cavallerieattaque Alles überreiten zu wollen, waren schnell kleine Klumpen zu Schutz und Trutz formirt und der Feind zurück geschlagen. In dieser allgemeinen Auflösung sehen wir am äussersten linken Flügel drei geschlossene Divisions-Colonnen in Staffeln vom rechten Flügel rückwärts, die Geschütze in den Intervallen, den Rückzug decken. Es war das dritte deutschbanater Bataillon unter dem k. k. Hauptmann Adam

Kossanić. Das Bataillon blieb bei Franzfeld, bis wohin es der Feind am Fusse verfolgte, ohne ferner gefährdet zu sein, geschlossen. Der Feind, statt direkt auf der Strasse vorzurücken, wodurch er wahrscheinlich noch heute in Pancsova viel Unordnung verursacht hätte, sah das geschlossene Bataillon, sah auch, dass der grössere Theil unserer Truppen eine Flankenbewegung machte, daher richtete sich seine Verfolgung nur gegen Franzfeld. Kurz vor dem Orte attaquirte eine Husaren-Division die Serbianer, worunter auch Knitjanin war. Schnell war ein Klumpen gebildet und die Attaque abgeschlagen.

Sämmtliche Abtheilungen des serbischen Armeecorps raillirten sich hinter der Nadelja. Oberst Maierhoffer ertheilte die nöthigen Dispositionen zur Aufstellung, während der Feind in Franzfeld Quartier bezog, um sich nach dem errungenen Siege gütlich zu thun.

Die ungünstige Stellung bei Neudorf, das nicht gleichzeitige Erscheinen der Brigaden auf dem Schlachtfelde, die Unvertrautheit mancher Abtheilungen mit dem Kampfe (die jüngst eingerückten Hilfstruppen waren zum erstenmale im Feuer), des Feindes Ueberlegenheit an Geschütz und Reiterei in der deckungslosen Ebene bewirkten, dass dem Feind nicht länger Stand gehalten werden konnte. Aber die so schnell erfolgte taktische Auflösung benahm dem Commandanten das Vertrauen für den morgigen Entscheidungskampf, der mit Gefangennehmung oder dem Versprengen in die Donau im unglücklichsten Fall enden musste.

Oberst Maierhoffer, auf dem in diesem Momente eine so grosse Verantwortung lastete, hat als Kriegsanführer nach der Wirklichkeit urtheilen, und nicht mehr die moralische Begeisterung, die vielleicht anderen Tages unsere Truppen beseelen konnte, sondern die Disciplin, den militärischen Gehorsam, als die Hauptfaktoren für den Erfolg des nächsten Gefechtes in Betracht ziehen müssen. Diese Faktoren aber boten die düstersten Aussichten. Auch ich war betrübt über die heutige Art des Fechtens, auch ich verlor die Hoffnung auf günstigen Erfolg, ob mir auch zur Genüge die Tapferkeit und Ausdauer unserer Truppen bekannt war, und wie sie immer ambitionirt waren, eine Scharte alsbald auszuwetzen.

Die Truppen waren nun geordnet, die Vorposten aufgestellt, der disponible Theil in der Stadt bequartirt. Eine beispiellose Kälte trat ein.

Beschreibung von Pancsova.

Bevor ich die kommenden Ereignisse weiter schildere, will ich die Lage Pancsova's beschreiben, dieses letzten Haltpunktes im Banate nach Temesvar, dem Hauptwaffenplatze des österreichisch-serbischen Armeecorps, dem unversiegbaren Montoursdepôt und Verpflegsmagazin. Hier wurden sechspfündige Kanonen gegossen; das Material lieferten die Gemeinden in ihren Glocken und Küchengeräthschaften. — Wenn auch diese Stücke gleich in der Form ihr Kaliber erhielten und wenn auch manche ihre Kugel oft um die Ecke schoss, so war ihr Nutzen doch sehr gross. Acht Geschütze erhielt das Armee-

corps daraus. Hier wurden Laffetten verfertigt und Kartätschen geschmiedet. Das Waffen- und Munitionsmagazin daselbst, von einem Bürger, Constantin Jovanović,
beaufsichtigt, hatte musterhafte militärische Ordnung.

Eine kleine Stunde von der Mündung des Temes-
flusses in die Donau, in nördlicher Richtung aufwärts
liegt am linken Ufer die freie Militärcommunität Pancsova
mit 2000 Häusern und bei 12,000 Einwohnern, in Form
eines länglichen Fünfeckes, dessen längste, südwestliche
Seite bei 4500 Schritte beträgt. Die Stadt ist offen;
nach Aussen hin hat sie weniger feste, mit Rohrdächern
versehene Häuser, dagegen aber im Innern um die zwei
Plätze Gebäude aus solidem Materiale. Zum Strassen-
kampfe eignet sich der Ort gar nicht, zur Vertheidigung
der äussersten Umfassung nur wenig. Diese besteht aus
Alleen mit doppeltem Graben. Aus derselben führen fünf
Hauptcommunicationen, gleichfalls mit Baumreihen: im
Südosten nach Starcsova, im Osten nach Bavaniste, die
Chausée nach Neudorf nordöstlich, nach Zrepaja und Jabuka im Norden. Im Südwesten führt ein schlechter
und nur in trockener Jahreszeit fahrbarer Weg über die
Temes und die im Riede liegenden Ortschaften Ovcsa
und Borcsa nach dem zwei Meilen fernen Semlin. Zwischen diesen beiden Städten und Belgrad besteht aber zu
Wasser eine bessere Verbindung mittelst Dampfboot.
Zwischen dem Wege nach Starcsova und Bavaniste führt
ein Alleeweg nach dem 1500 Schritte fernen Wojlowitzer Walde. Auf diesem Wege, Front zum Walde,
liegt links das solid gebaute isolirte Militärspital, rechts
der Volksgarten und dann die bürgerliche Schiesstätte.

Von dem Wege nach Bavaniŝte bis zu dem nach Zrepaja, eine bei 3200 Schritte lange Linie, aus deren Mitte senkrecht die Chaussée nach Neudorf führt — und die wir ohne weiteres die Front nennen können — liegen nach Innen in einer Tiefe von 300—600 Schritten Weingärten. Parallel mit der Front, 4000 Schritte nordöstlich, fliesst, insofern man diesen Ausdruck gebrauchen darf, die sumpfige, mit Rohr bewachsene, 50 Schritt Breite, 5—6 Schuh tiefe schlammige Nadelja in vielen Krümmungen nach Südost um den Wojlowitzer Wald herum. Drei steinerne Brücken übersetzen an den drei Strassen nach Bavaniŝte, Neudorf und Zrepaja den Fluss. Sonst ist er mit Cavallerie und schwerem Fuhrwerke nicht, für Infanterie nur stellenweise passirbar, und zu beiden Seiten erstrecken sich Weingärten mit einzelnen Häusern. Vom Ausgange der Zrepajaer Strasse bis zu dem Jabukaer Mauthschranken und der knapp daran stossenden Temes, zählt man ungefähr 1500 Schritte. Es ist dies die linke Flanke, angelehnt an den Fluss, zwischen welchem und dem Wege nach Jabuka vorwärts 3600 Schritte Weingärten liegen. In dieser Entfernung verbindet nur das höhere linke Ufer des Flusses mit der Nadelja eine sonst gerade, hie und da mit kleinen Bastionen versehene Brustwehrlinie, im Sommer 1848 von den Pancsovaer Behörden in etwas verjüngtem fortifikatorischen Masse erbaut. Kleine geschlossene Schanzen sperrten noch mehr den Zugang der beiden Strassen. Plattformen für Geschütze waren sowohl hier, als in den Bastionen angebracht. Diese Brustwehrlinie hatte die Länge von 6000 Schritten. Das vor der Stadt liegende

Terrain war eben und bis auf den bezeichneten Wald
und die Weingärten offen. Für alle Fälle wurden in
den Dezembertagen kleine Feldschanzen, u. z. vor dem
Eingange der Chaussée von Neudorf, unmittelbar vor der
äussersten Ortsumfassung, dann in dem vorspringenden
Winkel nach Zrepaja, dem Wege nach Jabuka und in
der Mitte um eine daselbst befindliche Maulbeerenplan-
tage, aufgeführt. Von der Natur zur Vertheidigung an-
gezeigt ist eigentlich die Nadeljalinie, die lange Schanze
und der Wojlowitzer Wald. Zur Besetzung dieser
Strecke wären aber 40,000 Mann kaum genügend gewesen. Zu dem ist der schlammige Fluss gegenwärtig
fest gefroren, so dass man bequem darüber reiten konnte.

Unsere Streitkräfte bestanden aus: 7 Bataillone Grenzer, 1 Bataillon Pancsovaer Bürgerlandwehr, 6000 freiwillige Serbianer (es waren noch viele Hilfsabtheilungen
am Marsche), und 34 Geschütze, davon bei 20 dreipfündige. Also im Ganzen bei 15.000 Mann, zu diesen
konnte man die sämmtlichen Bürger der Stadt zählen,
denn nur die Frauen und Kinder durften sich auf die
Flucht nach Belgrad und Semlin begeben.

Dagegen hatte Kiss: 8 Bataillone Infanterie, 8 Escadronen Husaren, 24 Geschütze (davon ein zwölf-
pfündiges und zwei Cavalleriebatterien à 8 Geschütze),
zusammen 10.000 Mann auserlesener Truppen. Die Kraft
des Feindes ist augenscheinlich zu geringe, um irgend
welchen Erfolg zu haben. Wenigstens noch einmal soviel
Mann Vertheidiger standen ihm gegenüber. Kiss, am 1.
Jänner um 10 Uhr Abends von einem Spione von unserer Stärke in Kenntniss gesetzt, verlor alle Hoffnung

auf die Erreichung seines Zweckes. Er ward aber von seinen Untercommandanten überstimmt und zum Angriffe wider Willen genöthiget.

Am selben Abende versammelte Oberst Maierhoffer in einer Bretterhütte auf den Vorposten einen Kriegsrath mit Zuziehung aller Bataillonskommandanten. Der Oberst stellte die Frage: ob wir morgen kämpfen oder Nachts noch den Rückzug nach Siebenbürgen über Baziasch und längs der Szechenystrasse antreten sollen? Er für seine Person ist unbedingt für das letztere, wenn die Truppen wieder so fechten werden wie heute, und wenn die Commandanten nicht ihre vollkommene Ueberzeugung aussprechen, dass jeder einzelne Mann zu siegen oder zu sterben gedenkt. Ich sprach mich im selben Sinne aus.

Oberst Knitjanin, Hauptmann Kossanić und die Mehrheit der Stimmen entschieden sich für's V e r t h e i d i g e n.

Nachdem nun das eine beendet war, beschloss man die äusserste Linie und die Nadelja ihrer zu grossen Ausdehnung wegen Nachts zu verlassen, und die Ortseinfassung zu besetzen. Sogleich ging man, Anstalten für den kommenden Tag zu treffen. Die Disposition zur Besetzung ward entworfen: Die Front gegen Neudorf und die daselbst gelegenen Weingärten besetzt die Brigade Knitjanin; rechts Hauptmann Scharić mit den Jlirischbanatern das Spital, den Volksgarten und die Schiesstätte; links Hauptmann Kossanić mit den zwei deutschbanater Bataillons, und einer Division Peterwardeiner unter Hauptmann Peter Jovanović und einer Division Pancsovaer Landwehr bis zur Temes. Hauptmann Michl Jovanović mit drei

Peterwardeiner Bataillons und sechs sechspfündigen Geschützen steht in Reserve hinter der Mitte der Front,
wo der Weg von den Kirchhofe zum ärarischen Bauhofe sich
mit der Neudorfer Chaussée kreuzt; am grossen Platze
der grössere Theil des Bürger-Landwehrbataillons. Wir
vermutheten alle den Angriff in der Front.

Treffen bei Pancsova.

Der 2. Jänner brach an. Ein dichter Nebel umhüllte
die Stadt. Die Patrouillen meldeten Nachts, dass der Feind
mit Hilfe der Jabukaer drei Oeffnungen in den Schanzen
durchbrochen hat. Wahrscheinlich getrauete er sich auf
das Eis der Nadelja nicht, oder wollte er Jabuka im
Rücken haben.

Unsere Disposition erlitt in so weit eine Aenderung,
als Knitjanin mit seinen Serben den ausspringenden Winkel nach Zrepaja besetzte, die Front einem Bataillone
Peterwardeiner überlassend. Die erbaute Flesche daselbst
bekam Oberlieutenant Lazić mit seinem vierten Deutschbanater Bataillon zu vertheidigen. Lieutenant Paul Putnik stand
hinter ihm als Reserve. Hauptmann Kossanić mit dem dritten Betaillone; Hauptmann P. Jovanović mit einer Division
Peterwardeiner, und einer Division Bürger besetzte die
Weingärten zwischen der Jabukaer Strasse und dem
Flusse.

Kaum war ich gegen halb 7 Uhr beim Mautschran-
ken der Jabukaer Strasse, hinter der erbauten Schanze

angelangt, als sich auch eine Kette Husaren in der vorliegenden Ebene sehen liess. Schlag 7 Uhr war der
Feind auf 1000 Schritte vor uns in zwei Infanterie- und
dem dritten Cavallerietreffen entwickelt. Die Geschütze
an den Flügeln und in den Intervallen. Eine Escadron
Husaren plänkelte gegen den linken Flügel der Front-
seite, während ein Linienbataillon und eine Husarendivision mit vier Geschützen längs dem Temesflusse vorzurücken, und so in unsere linke Flanke und in die Stadt
zu dringen hatte. Unsere Geschütze waren zu vier Stücke
in den halbgeschlossenen Redouten, dann einzelne in gleichen Zwischenräumen hinter dem Alleegraben aufgeführt.
Zwischen denselben in den Schanzen und in einigen daselbst
befindlichen Lehmgruben sassen, standen und hockten
Grenzer, Serbianer, Bürger, Priester, Bauern, Künstler,
Officiere bunt untereinander. Da war der Senator aus
dem Fürstenthume Serbien Lazar Zuban, der Vicepräsi-
dent des Carlowitzer Centralcomitées Jakob Živanović,
sämmtliche Mitglieder der Pancsovaer Behörden mit allerlei
Waffen beisammen.

Das Armeecorps erhielt kurz vorher kaiserliche Kanoniere, also waren die schweren Geschütze und die Vor-
meisternummern grösstentheils durch sie besetzt.

Aus unserem eisernem Zwölfpfünder geschah der erste
Schuss in die feindliche Front. Der Nebel zertheilte sich,
und nun entbrannte das heftigste Geschützfeuer. Des
Feindes rechte Flankencolonne stürmt in den Weingärten vorwärts, wird zrurückgeschlagen, und zum zweitenmale stürmt sie. Der vortreffliche Kossanić, den Seinigen stets ein Spiegel der Tapferkeit, wirft zum wieder-

holtenmale den Feind zurück. Mehrere Häuser sind in unserem Rücken in Brand gerathen, ohne jedoch uns zu beirren. Der Feind formirt sich in zwei Sturmcolonnen. In dem Augenblicke kommt Oberlieutenant Jefta Baraić; ich mache ihn aufmerksam auf die feindlichen Formationen und schicke ihn an den Kommandanten.

Er sprengt von dannen zum Oberst Maierhoffer.

In jedem Kampfe entsteht ein unwillkürlicher Ruhepunkt, und je heftiger jener begonnen hat, desto gewisser tritt dieser ein. Man möchte ihn den Silberblick der Schlacht nennen. Er währt auch nur einen Moment. Die Kanoniere sind erschöpft und holen Athem, die nächste Munition ist verfeuert, die Geschützröhre sind erhitzt, eine andere Bewegung, — ein anderer Moment der Schlacht soll eintreten. Dieser Silberblick muss schnell benutzt werden, „... und das Gleichgewicht oder Uebergewicht der moralischen Kräfte stellt sich selten eher heraus, als nachdem man mit dem Gegner einige Zeit in taktischem Konflickt gewesen war." (S. militärische Briefe eines Verstorbenen). Es ist dies des Feindes Aus- oder Athemholen. Hier ist es jedem Vertheidiger geboten, aus der passiven in die aktive Rolle des Angriffs zu treten. Nach einer dreistündigen heissen Kanonade trat jetzt diese Pause ein. Ich sprenge von meinem Standpunkte längs unserer Linie zu Oberlieutenant Lazić. Knitjanin holt rechts aus, begleitet von k. k. Lieutenant Theodor Stratimirović und andern seiner Tapfersten, seine Serbianer zur Vorrückung aufmunternd. Ich schliesse mich ihm an. Wir lehnen uns links an die Zrepajer Allee. Immer weiter und weiter vorwärts ging's; der Kometenschweif, dessen

Kern wir drei Reitersmänner waren, ward hinter uns grösser und breiter; bald waren alle Serbianer im Anzuge,
während der Feind unsere Positionen neuerdings beschoss.
Jene Escadron Husaren schwärmte zerstreut in kleinen
Touren vor uns, aber in rückgängiger Bewegung. Links
in den Weingärten sehen wir, wie Kossanić und mit ihm
Hauptmann Peter Jovanović und der Artilleriekommandant
Panta Čarapić den Feind vor sich herjagen. Wir schwen-
ken links, und erscheinen plötzlich als 6—8 Reiter, Knitjanin an unserer Spitze seinen Čibuk rauchend, auf Pistolenschussweite vor der linken Flanke des feindlichen zweiten Treffens. Die nachgekommenen Serbianer zu Fuss eröffnen ihr Kleingewehrfeuer. Die Reiter feuern ihre Pistolen auf den Feind ab. Kossanić verfolgt seinen Gegner. Die schon gebildete feindliche Sturmcolonne im zweiten Treffen sieht sich instinktartig um, da die Husaren-
colonnen, des Feindes drittes Treffen, bereits im Rückzuge
sind. Sie scheinen ohne Kommando „Kehrt“ gemacht zu
haben. Nun macht alles Kehrt und beeilt sich wegzukom-
men. Knitjanin klebt ihnen am Halse, mit Zurufen die
Seinigen aufmunternd. Ich reite sogleich zurück, um das
Geschütz vorzuführen. Oberst Maierhoffer, dann Michl Jovanović mit seiner Reserve war daselbst eingetroffen. Vier
sechspfündige nahm ich sogleich und flog zu Knitjanin.
Aus dem feindlichen Corps ward ein regelloser Klumpen.
Dass der Feind drei Engpässe sich im Rücken wählte,
kam uns zu Gute. Die Husaren waren längst schon durch
die Oeffnungen der Schanze passirt. Die Infanterie, vom
panischen Schrecken ergriffen, von unserm Geschütze fürchterlich beschossen, läuft vollkommen aufgelöst auf die

Brustwehre, und hier kopfüber über den Graben. In dieser Art ging's bis in die Nähe des Jabukaer Waldes. Unter dem Schutze dieses sammelte sich der Feind etwas, und während Knitjanin ihn am Fusse links um den Wald verfolgte, ging ich mit zwei Sechspfündern in der Sehne, rechts vom Walde und eröffnete gegen des Feindes Flanke das Feuer, da er da im rechten Winkel abbog, um auf dem Wege von Jabuka nach Franzfeld sich zurückzuziehen. Hier am Rande des Waldes ward ihm von mir ein Cavalleriegeschütz demontirt. Die Cavalleriewurst blieb am Wege liegen. Kaum hatten wir einige Schüsse gethan, als die feindlichen Colonnen in Laufschritt übergingen. Die Cavallerie vorne. Abermals folgte ich der Bewegung im Trabe, übersetzte die Nadelja, da sie fest gefroren war, nahm hier 300 Serbianer, die von Pancsova unter Kommando des Kapetan Stanojlo kamen, auf, und placirte das Geschütz an der Zrepajer Strasse, über welche gerade in der Schussdistanz die Mitte der feindlichen Colonne schritt. Sechzehn bis zwanzig Schüsse brachten den Feind abermals zur Eile. Nun nahm ich die Richtung gerade über die Felder nach Franzfeld, denn hier musste der Feind mittels einer Rechtsschwenkung passiren. An der Strasse von Pancsova nach diesem Dorfe versuchte eine Husarendivision, wahrscheinlich schon der steten Hetze überdrüssig, eine Attaque auf mein Geschütz. Eine Kartätschenladung brachte sie in Unordnung und zum Rückzuge. Abermals ging ich rechts gegen den Franzfelder Wald, der auf einer Erhöhung liegt. Am Wege dahin traf ich auf Knitjanin, der in gleicher Absicht mit einigen Reitern dahin ritt. Bis wir zum Wäldchen gelangten, war es schon dun-

kel geworden. Der Feind hatte sich von Franzfeld aus in so
viel unregelmässige Theile getheilt als es Feldwege gab.
Die Cavallerie, zerstückelt, am Wege gegen Neudorf. Aus
dem Dorfe wälzten sich Abtheilungen, Wagen fuhren durcheinander, ein Geschrei, ein Toben und die Verwirrung
ward durch meine Kanonenkugeln noch grösser. Als es
völlig dunkel war, und man nichts mehr sah, rückte ich
in Franzfeld ein, und nach einiger Zeit kam Lazić, Michl
Jovanović und andere Truppen.

Knitjanin, wohl wissend dass man den Feind nicht
zu Athem kommen lassen darf, verfolgte im Mondenschein
mit nur wenigen Reitern aber mit um so mehr Pistolen-
schüssen den Feind bis Neudorf. Hier schlug er den
Weg nach Zrepaja ein und plötzlich marschirt vor ihm
eine Husarenabtheilung, ungefähr eine Escadron, quer
über die Strasse nach Padina. Er fasst sich schnell und
mit „Hurrah" fällt er sie an. Bald flog ihm der Feind
aus dem Gesichtskreise.

Das war heute der vollständigste Sieg. Wir hatten,
was unglaublich klingt, sechs Krieger und eine Frau, die
in der Stadt über die Gasse lief, als Todte, und acht
Blessirte. Abgesehen von dem physischen Verluste des
Feindes, war der moralische ein ausserordentlicher. Durch
eine später bei Werschetz aufgefangene Post ersahen wir
aus fast jedem Briefe, dass ihm der 2. Jänner 800 Mann,
theils Getödtete, theils Erfrorne oder völlig in Verlust
Gerathene kostete. Jeder Brief brandmarkte Kiss als Verräther, er habe sie an die Serben verkauft.

Dass der Jubel im österreichisch-serbischen Armeecorps und in Pancsova ein unbeschreiblicher war, lässt

sich denken. — Die Freude liess uns die beispiellose Kälte zwischen dem 2. und 3. Jänner nicht empfinden.

Von jetzt an waren wir für lange Zeit vom Feinde befreit. Denn der Druck der kaiserlichen Hauptarmee erheischte dringende Verstärkungen von der Bacs-Banater feindlichen Armee.

Am 4. Jänner übernahm k. k. General Thodorovits das Kommando des österreichisch-serbischen Armeecorps. Oberst Maierhoffer ward Chef des Generalstabes. Hauptmann Johann Stanojlović kam aus Italien und versah die Dienste eines Generalstabsoffiziers im Corps.

Die Zeit des Stillstandes wurde eifrigst zur Instandsetzung und Regellung der Streitkräfte verwendet. Die Truppen leisteten ihren Eid der Treue für Se. Majestät Kaiser Franz Joseph.

Waffen wurden ausgetheilt, an einen grösseren Munitionsvorrath, an die Bekleidung der Mannschaft gedacht. Letzteres war eine bedeutende Rubrik der Entbehrungen im Corps. Da gab es Krieger, die in der Kälte schadhafte Sandalen am blossen Fusse trugen. Viele hatten weder winterliche Beinkleider, noch ein wärmeres Oberkleid. — Die Städte, worunter sich Pancsova am meisten auszeichnete, lieferten derlei Anzüge und Fussbekleidung, so viel nur Menschenhände verfertigen konnten. Die Verpflegung war äussert schwer und nur auf Pancsova und einige wenige umliegende Ortschaften beschränkt. Aber sieben Monate zehrten viele Tausend Mann an dem Vorrathe. Er musste bald erschöpft sein. Daher war ein Erweitern des besetzten Terrains, eine Offensive zur unumgänglichen Nothwendigkeit geworden. Feldmarschall

Fürst Windischgrätz wusste man im Vorrücken gegen die obere Theiss, auch dass der Feind von den uns gegen- über stehenden Truppen Theile ab und zu seiner grossen Armee nehmen wird. Damit war also eine Offensive er- leichtert.

Und doch besass das Armeecorps nicht die Eigen- schaft zum Angriffskriege; dasselbe war kaum im Stande, bisher den kleinern, für seine Kräfte riesengrossen Rayon von Palanka, Alibunar, Perlass, St. Tomasch bis Essek zu decken. War dies doch insofern von ausserordent- lichem Vortheile, als man bisher eine so nahmhafte feind- liche Streitmacht an sich fesselte. Wie liess sich eine dreimal so grosse Ausdehnung vertheidigen — angenom- men, man würde sie erobert haben? Allerdings gewann man Tausende von Kriegern aus dem Banate und der Bacska, aber damit weder ein disciplinirtes Corps, noch Reiterei, noch Chargen in erforderlicher Zahl. Und doch musste wegen der Verpflegung und wegen der Verbind- ung mit Temesvar und im Einklange mit der Vorrückung der Hauptarmee etwas geschehen. Der General rüstete sich zu einem Angriffe auf Werschetz, als an der Strasse zur Festung gelegen.

In der Bacska und Syrmien geschah nichts beson- deres. Unsere Lager hatten nur unbedeutende Demon- strationen abzuwehren. Hauptmann Bigga schützte Car- lowitz und Syrmien.

Wir können uns der Verwunderung nicht enthalten, wie es möglich war, eine so stark besetzte, mit grossen Lagern bei Neusatz und Futtok in Verbindung stehende Festung wie Peterwardein mit einigen ungeübten, schlecht oder gar nicht bewaffneten Hundert Mann, im Halbkreise von Carlowitz bis Kamenitz durch volle neun Monate in Schach zu halten. War es die natürliche feste Stellung, oder der Serben Tapferkeit, oder des Feindes Feigheit oder Gleichgiltigkeit, die das österreichisch-serbische Armeecorps im Besitze Syrmiens, ja dadurch im Besitze des ganzen Terrains in der Bacska und dem Banat liess? Nach meiner Ueberzeugung bedurfte der Feind nur zehn erprobte Bataillone — und diese und noch mehr hatte er — um die Schanzen bei Carlowitz zu erstürmen und eine heillose Wirthschaft anzustellen.

Da ist sichtlich Gottes Hand im Bunde mit der Sache des Monarchen, mit der Sache des freudig sich opfernden Volkes.

In den verflossenen Jahrhunderten drängten der Türken zahllose Horden nach der Hauptstadt Wien. Heimische Rebellen in Ungarn versagten dem Könige den Gehorsam. Hier schon sehen wir die Serben im Glück und Unglück treu für das Erzhaus Oesterreich fechten. Kein Feind, kein Ereigniss machte ihre Treue wanken. Und Treue ist wohl die reinste Tugend, weil sie einem religiösen Gemüthe entströmt. Um also die Anhänglichkeit an Kaiser und Vaterland zu lohnen, benahm Gott dem Feinde den geistigen Blick, wodurch er die Vortheile erkannt, und so entschiedene Unternehmungen ausgeführt hätte.

Und schlug auch dieser Krieg dem serbischen Volke tiefe, sehr tiefe Wunden, sie erhöhten nur den Werth der kaiserlichen Huld. Und zum Beweise, dass die Serben stolz auf ihre Vorfahren, stolz auf den nie gebrochenen Eid sein dürfen, führe ich hier die Worte des Ministers Bartenstein aus Kaiser Joseph's Zeiten und des Adlerstein an:

„Belgrad ward verloren, der General Strasser in Bosnien erschlagen und seine Truppen zerstreut. Für den Vertheidigungsstand von Ofen hatte man nichts gethan; Siebenbürgen stand unter dem Schutze der Türken; das Banat und Grosswardein waren in türkischer Gewalt, und fast ganz Oberungarn mit Missvergnügten und Rebellen angefüllt. Da kamen auf das Evocationsschreiben des Königs Leopold I. vom 6. April 1690 unter ihrem Patriarchen Arsenius III. 37,000 serbische Familien*) nach Ungarn. Dieses ist von so gedeihlicher Wirkung gewesen," sagt Bartenstein S. 17, „dass von jener Zeit an, bis zum Schlusse des Carlowitzer Friedens, die kaiserlichen Waffen sowohl über die Ungläubigen, als die mit ihnen vereinten Rebellen und Tökellyschen Anhänger immer obgesiegt haben."

Marsch gegen Werschetz.

Am 17. Jänner 1849 traf ich in Samosch bei der Brigade Knitjanin ein, die sich hier zum Marsche auf Werschetz concentrirte. Die Brigade bildete den linken Flügel des Corps und bestand aus dem dritten und vierten

---

*) Eine solche Familie enthielt 20—30, auch mehr Mitglieder, wie dies heut zu Tage in Montenegro und Albanien der Fall ist, daher Waffenfähige gewiss nicht unter 60,000 anzunehmen sind.

deutschbenater Grenzbataillon, 6000 Mann Serbianern, dann zwölf Geschützen.

Das Centrum mit dem Hauptquartier, von General Thodorović in Person geführt, hatte drei Peterwardeiner und zwei illirischbanater Bataillone, eine Division Nationaluhlanen und zwölf sechspfündige Geschütze. Dasselbe hatte die Chaussée von Neudorf über Alibunar, Karlsdorf zur Vorrückung.

Der rechte Flügel unter dem Commando des fürstl. serbischen Majors Sava Jovanović, an dessen Seite Hauptmann Stanojlović war, hatte 4000 Mann serbische Hilfstruppen mit sechs Geschützen. Dieser Flügel hatte aus seinem Cantonnement Dolova direkt gegen Nikolince zur Vereinigung vorzurücken.

Am 18. um 6 Uhr Früh, brach die Brigade Knitjanin von Samosch auf. Wir betraten denselben Weg, den unlängst Damjanić mit seinen Mordbrennern gemacht, und wovon man Spuren an allen Orten, am meisten aber in Illancsa fand. Um die dritte Stunde Nachmittags erreichten wir Seleusch. Knitjanin fuhr sogleich nach Alibunar ins Hauptquartier. Ich begleitete ihn dahin. Hier in dem zerstörten Orte fanden wir auch eine Bürgerdeputation aus Werschetz, die mittheilte, dass der Feind zum grossen Theil schon abgezogen und nur eine kleine Abtheilung in der Stadt sei, und dass sie um Einmarsch kaiserlicher Truppen zu bitten gekommen sei. Unsere Erwartung auf einen Kampf war zu Wasser geworden. General Thodorović blieb dennoch bei seinem Vorsatze, nach den Regeln der Kriegskunst sich Werschetz zu nähern. Die Brigade Knitjanin hatte eine Bewegung als

schwenkender Flügel über Zichydorf zu machen, während
der rechte unter Sava Jovanović den beweglichen Pivot
bildete.

Um 5 Uhr Abends rückten wir aus Seleusch ab.
Es war schon finster. Wir passirten St. Mihaly, den
Ableitungskanal und St. János. Daselbst blieb Milivoj
Petrović mit der Hälfte des Geschützes, dann Hauptmann
Kossanić mit dem dritten Bataillon; das vierte unter
Hauptmann Kling, dann sämmtliche Serbianer marschirten
weiter nach Zichydorf. Ich ritt mit Oberlieutenant Baraić
und noch sechs Reitern voraus, um den Ort auf unsere
Ankunft vorzubereiten, damit die Verpflegung besorgt
werde, denn die Mannschaft hatte den ganzen Tag nichts
Nahrhaftes gegessen. Finsterniss um uns, der ebene Weg
endlos, kein menschlicher Laut, kein Zeichen des Lebens.
Der Schnee schmolz unter den Füssen. Gegen 1 Uhr
Nachts waren wir in der Nähe eines Ortes. Zeitweises
Hundegebell und grosse Feuer im Halbkreise bekundeten
uns dies. Ich liess meine Gefährten zurück und näherte
mich vorsichtig dem Orte. Eine Stimme rief mich mit
Wer da! an, als ich schon ganz nahe dem Rufenden stand.
Ich nannte mich einen kaiserlichen Offizier und befahl
ihm in barschem Tone näher zu kommen. Es war ein
Bewohner von Zichydorf auf Wache. Ich kündigte ihm
nun die Ankunft unserer Truppen an, und liess mich mit
Baraić ins nächste Haus führen, während die Serbianer
Wache standen. Ein Mann ging sogleich nach dem Richter des Ortes. Die Bewohner des Hauses, wo wir eingetreten waren, zitterten und weinten vor Angst. Es
kostete uns Mühe, die bebenden Frauen und Mädchen zu

beruhigen. Vom Richter erfuhr ich, dass das feindliche Armeecorps unter Damjanić seinen Durchmarsch aus Werschetz auf den andern Tag angesagt habe. In Zichydorf befand sich das feindliche Spital. Dem Richter wurde aufgetragen, die Bewohner zu beruhigen und ihnen zu versichern, dass ihnen kein Schaden von Knitjanins Truppen zugefügt werden würde. Um 3 Uhr kam auch die Brigade an. Ich stellte die Vorposten aus und suchte die von Furcht ergriffenen und auf beladenen Wagen mit Familie fliehenden Leute zu beruhigen und heimzuschicken. Das Jammergeschrei that einem weh.

Gegen 4 Uhr warf ich mich aufs Stroh, um ein wenig zu ruhen, ans Essen dachte fast kein Mann. Auch die Pferde bedurften Rast.

Um 6 Uhr wirbelten schon die Trommeln. — Doch welcher Anblick! Alle die zur Flucht bereiteten Wagen wurden von unseren Vorposten angehalten und als — freilich noch sehr zweifelhafte — Beute am Platze unter Wache gestellt. Da standen 30—40 mit Kissen, Federbetten, Geflügel, Tischen und Kasten beladene Wagen; kleine und grosse Kinderköpfe lugten aus dem seltsamen Gewirr heraus, mit Cerberusmienen von den Serbianern bewacht, deren freudenglänzende Blicke auf das prächtige Viergespann gerichtet waren, als wollten sie sagen: „Nur die vier Braunen will ich haben, den ganzen andern Plunder da nehme wer will." Aus den Gassen strömen die Krieger auf den Platz zu ihren Fähnlein. Die einen führen wiehernde Hengste mit Siegerstolz an der Hand, andere treiben in Gesellschaft 10—12 Stück Hornvieh, wieder andere eine Schaar Calcuts (Indians), worein sich

Gänse, Enten und Hühner in Verzweiflung gemengt. Viele hielten gerade Reitlection auf ungeübten Rossen, ihnen mit eiserner Hartnäckigkeit Begriffe von den barbarischen orientalischen Steigbügeln (bakarlie) beibringend. Zu diesem Anblicke noch ein Blöcken, Rufen, Wiehern und Schreien, dass man sich inmitten eines ungarischen Jahrmarktes versetzt glaubt. Da erscheint Knitjanin. Sein Arm trifft mit der Wucht einer Herkuleskeule und begleitet von seiner Donnerstimme, den nächstbesten Rossebändiger — und auf diesen Zauberschlag ist aller Bestand aufgelöst. Der erste Augenblick gilt der Ueberraschung, im zweiten stehen die Serbianer in Reihe und Glied und die bisher Arretirten eilen ihrer gewohnten Behausung zu.

Treffen bei Werschetz.

Die Brigade setzte gegen 7 Uhr ihren Marsch fort. Knitjanin begleiteten die Segenswünsche der Zichydorfer Bewohner. Der grosse Werschetzer Morast, sonst ungangbar, war jetzt fest gefroren, so dass wir in gerader Linie über denselben unserem Objekte uns nähern konnten. Die in St. János verbliebene Abtheilung hatte Befehl, nachdem wir einen rechten Winkel bei Zichydorf machten, in der Hypothenuse rechts zum Gros zu stossen. Als wir aber am Kreuzwege in der Nähe von Margitta anlangten, war noch keine Spur von ihr zu sehen. Der Marsch musste jedoch fortgesetzt werden. Ungefähr um die zwölfte Mittagsstunde waren wir am jenseitigen Ufer, als wir vor uns auf 2—3000 Schritte kleine Husarenpatrouillen auf den Hügeln sahen. Bald schickte die Avantegarde die Meldung, dass der Feind mit seiner ganzen Macht aus der Stadt debouchire, und auf den Höhen senkrecht auf unsre Marschdirektion sich entwickle. Ein endloser Wagenzug mit treuen Kossuthsanhängern bezeichnet ihre Flucht auf der Strasse nach Moravitza und Temesvar. Indessen war Milivoj im Trabe mit dem Geschütze nachgekommen, während Kossanić durch den aufgeweichten oder glatten Boden nur langsam sich bewegen konnte, daher sich in ungewisser Ferne noch befand. Knitjanin trachtete so schnell als möglich von dem Eise ab aufs Land zu kommen, um — wenn auch in völlig dominirter Stellung, auf dem Lande festen Fuss zu fassen. Knapp am Ufer lag ein Häuschen, bei dem vorbei ging der Weg aufwärts über die vom Feinde besetzte sanfte Erhöhung nach Werschetz. Rechts davon, etwas seitwärts, sah man eine Schanze, aber unbesetzt, etwas weiter davon rechts ein kleines Wäldchen.

Links auf 600 Schritte von dem erwähnten Häuschen, gleichfalls am Ufer, lag eine festgebaute schöne Sommerwohnung, und von ihr steil aufwärts ging man durch Weingärten zum höchsten Punkte, von dem aus jene Höhe in unserer Front herbeilief.

Das Centrum der Brigade lehnte sich an das Häuschen, in jene Sommerwohnung ward sogleich eine Division Deutschbanater unter Baraić geworfen, der eine andere als Unterstützung folgte. Baraić hatte den Auftrag,

jene Weingärten bis zur Kuppe stark zu besetzen, da der
Feind diesen Punkt noch nicht besetzt hielt. Der rechte
Flügel hatte gar keinen Anhaltspunkt und stand so wie
das Centrum den feindlichen Kugeln blossgegeben. Der
Feind eröffnete das Feuer, unser Geschütz erwiederte es.
Baraić ersteigt die Höhe. Der Feind sieht es und wirft
ihm ein ganzes Bataillon entgegen, aber erst das verhee-
rende Kartätschenfeuer brachte ihn aus den Weingärten.
Auch die dritte Division des Bataillons mit Hauptmann
Kling selbst wird zur Verstärkung dem Gebäude zuge-
sendet. Durch diesen Kampf nahm nun der Feind seinen
rechten Flügel vor, der linke blieb stehen, so dass die
Front schräg wurde, und wir demnach auch unsere Aufstellung berichtigten. Die ohne Deckung aufgestellten Serbianer vom rechten Flügel beeilten sich jene Redoute und
das Wäldchen zu erreichen, um so grössern Widerstand
zu leisten. Auch die Mitte konnte nicht mehr dem Hagel
feindlicher Kugeln widerstehen, auch diese suchte Deckungs-
mittel. Nur der linke Flügel des vierten deutschbanater Bataillons schien sich halten zu können, aber herab — dem
Gebäude zu, wälzten sich feindliche Massen. Auch dieser
Punkt ging verloren. Das Geschütz, fast zur Hälfte der
Bespannung beraubt, feuerte aus seiner ersten Aufstellung.
Rechts und links des Häuschens stand Milivoj mit sechs
Geschützen, während 400 Schritte davon rechts Knitjanin
mit sechs Geschützen, umgeben von seinen auserlesen-
sten Kriegern, den Vormarsch des Feindes aufzuhalten
suchte. — Knitjanin schien entschlossen, das Geschütz zu
retten oder zu sterben, seine Umgebung, für ihren Führer sich zu opfern. Noch war Kossanić nicht da; nicht eine

Compagnie stand mehr en reserve. Die Serbianer hatten
allerdings schon ihre Fahnen auf der Schanze und am
Rande des Waldes aufgepflanzt, aber diese Objekte lagen von unsern untransportable gewordenen Batterien zu
entfernt, und des Feindes erstes Treffen, zwei Bataillone
stark, den rechten Flügel vornehmend, wälzte sich herab
in immer engerem Kreise um Knitjanin und seine Batterie.
Es fehlte Bespannung, die Geschütze in eine rückwärtige
Stellung zu ziehen. Der Moment konnte einen zur Verzweiflung bringen. Schon war die Bedienungsmannschaft
im Handgemenge. Knitjanins braver Sekretär, Theodor
Kovačević, war genöthigt, die Geschütze zu bedienen. Ich
warf einen Blick gen Himmel und — betete, — und
als ich wieder herab in der Richtung, wo Kossanić her-
kommen soll, schaute, sieh! was die Welle des Bodens
mir verbarg", und was mein von Kummer um den Ausgang der Schlacht getrübtes Auge vorhin nicht erblickte,
da stand er mit seinem Bataillon geschlossen bei dem
Häuschen, weitere Befehle erwartend. Bald war ich bei
ihm, und nun ging es im Sturmschritte, in geschlossener
Colonne vorwärts. Durch die Vornahme des feindlichen
rechten Flügels in erster Linie entstand eine fast 600
Schritte breite Distanz zwischen seinen Treffen, denn das
zweite hielt in der ursprünglichen Aufstellung den Höhenrand besetzt. In diese Lücke führte ich nun den tapferen Kossanić. Er stürzt sich auf Flanke und Rücken
des vordersten Bataillons, dieses gibt links unwillkürlich
immer mehr nach, bis die Stürmenden den Feind erreichten. Nun erst dreht sich derselbe zur Flucht, und im
Jubel stürzen die Serben ihm nach. Es entstand ein furcht-

bares Gemetzel. Unsere Mannschaft hing den Fliehenden am Halse. In dem Bataillonsklumpen fiel Schuss auf Schuss, ja die meisten Serbianer stürzten sich mit dem Yatagan auf ihre Opfer.

Auf der Höhe angelangt, fallen plötzlich von rechts rückwärts Kanonenkugeln mitten unter unsere Mannschaft. Ich erkannte sogleich, dass es das Gros unseres Armeecorps sei, sprengte querfeldein gegen die Stadt, wo ich an der äussersten Einfassung den General Thodorović mit seinem Stabe und die Truppen gerade in der Entwicklung fand. Der tapfere Michl Jovanović liess jene Schüsse abfeuern, ohne in dem Handgemenge unsere von des Feindes Truppen unterschieden zu haben. Ich meldete den Verlauf des Gefechtes, und General Thodorović entsendete sogleich ein Peterwardeiner Bataillon und vier Geschütze zur Unterstützung Knitjanins, der den Feind auf der Strasse nach Moravitza vor sich herjagte. Beim zurückreiten bemerkte ich zehn bis zwölf todte Feinde vor der Front der Peterwardeiner am Boden liegen. Also hatte auch hier ein Gefecht stattgefunden. Der Feind war zusammengedrängt auf der Strasse, die von unserem Geschütze enfilirt wurde. Die neu zugekommenen Kanonen unter Panta Čarapić thaten das Meiste, denn von denen der Brigade hatte man kaum zwei Stücke fortbringen können. Wir verfolgten den Feind bis zum Ende des Morastes, wo die Strasse links nach Moravitza einbiegt. Indessen war's schon dunkel geworden. Knitjanin brach die Verfolgung ab und marschirte nach Werschetz. Es mag 6 Uhr gewesen sein, als wir starkes Kleingewehr- und Geschützfeuer von der Stadt her vernahmen.

Vor dem Eingange wartete General Thodorović mit
seiner Suite und den Peterwardeiner Bataillons auf die
Meldung des Hauptmann Scharić, der mit einigen Compagnien zu untersuchen hatte, wo dieser Kampf stattfin-
det. Jenseits der Stadt raufte man sich.

Der Insurgentenführer Damjanić hatte den 19. Jänner zum Abmarsche zur Maros und zur Hauptarmee der
Insurgenten an der mittlern Theiss bestimmt. Aber General Thodorović kam ihm zuvor, so dass der Aufbruch
früher geschah als man beabsichtigte, und Knitjanins Umgehung liess ibn die Route über Moravitza nehmen. Weil
nun der Aufbruch frühzeitig geschah, verspätete sich die
von Weisskirchen kommende Besatzung des 28. Honved-
bataillons mit acht Geschützen und einer Husarenescadron,
und kam in dem Augenblicke an, als unser Centrum in
die Stadt rückte. Der rechte Flügel unter Major Sava Jovanović, etwas versagt, stellte sich im Süden der Stadt
auf, den Kampf mit der Weisskirchner Besatzung aufzunehmen. Es mochte Nachmittags geschehen sein. Das Gefecht war heftig und hartnäckig. Die Unsrigen wichen. In
Folge dessen warf sich der Feind in den südöstlichen, der
kaiserlichen Sache abtrünnigen Theil der Stadt, um sich
so, nicht wissend dass das Gros unseres Corps bereits
vorgerückt war, mit Damjanić zu vereinigen. Einige Compagnien der Peterwardeiner von der Arrieregarde machten gegen die Weisskirchner Garnison Front, und ver-
wehrten ihr den Durchbruch durch die Stadt. Jenes Gefecht, das wir also hörten, war zwischen den Peterwardeiner Compagnien und dem mit den feindlichgesinnten
Bewohnern verbundenen Feinde im Südosten einer-, und

zwischen diesen und dem einstweilen sich wieder sammelnden rechten Flügel des Sava Jovanović, am südwestlichen Rande von Werschetz, andererseits.

Hauptmann Milekić bat General Thodorović um die Erlaubniss, mit seinem Bataillon die Avantegarde zu bilden und in das Innere der Stadt vorzudringen. Die Dechargen schwiegen, die Avantegarde rückte vorwärts, ihr folgte um die eilfte Stunde General Thodorović, Oberst Maierhoffer, Knitjanin und alle Truppen. Der Einmarsch geschah ohne Kampf, da schon vor diesem Momente bereits einzelne Abtheilungen unseres Corps, wie schon gesagt Hauptmann Scharić, dann Serbianer, in dieselbe gedrungen waren. Ich kehrte um, mit dem dritten deutschbanater Bataillon die Vorpostenausstellung zu besorgen. Gegen zwei Uhr Nachts kam auch ich in die Stadt. Die völlig erschöpften Truppen ruheten zum Theil. Kleine Abtheilungen suchten sich Quartiere. Auch der rechte Flügel war bereits eingerückt.

Am 20. Früh, erzählte der Kommandant des Reserve-Munitionsconvoi, gegen 12 Uhr Nachts, als er mit der Wagencolonne von Wlaikovce kommend sich Werschetz näherte, durchschnitt vor ihm quer eine Colonne die Strasse. In der Ueberzeugung, dass eines unserer Bataillone nach Werschetz marschire, und der Munitionstransport wahrscheinlich den Weg verfehlt habe, bog er sammt dem ganzen Train links ein, der Truppe folgend, indem er den Marsch beschleunigte, sie zu erreichen. Aber es kam ihm vor, als wenn die vor ihm Marschirenden um so schneller gingen, je schnelleres Tempo die Munitionsreserve annahm. Der Unteroffizier von den Nationaluhlanen konnte

sich das nicht erklären. Endlich kamen ihm die Vormar-
schirenden aus dem Gesichtskreise. Er blieb stehen, um
auszuruhen, und als der Tag angebrochen war, sah er
sich in der Nähe des Werschetzer Morastes, unweit Pav-
lié, und vor ihm auf dem Eise sah man die Spur jener nächtlichen Colonne in gerader Richtung gegen Zichydorf markirt. — Das hätte uns noch gefehlt, dass das
auf Umwegen fliehende 28. Honvedbataillon unsere ganze
Munitionsreserve auf seiner Flucht mitgenommen hätte!

Endlich genoss das österreichisch-serbische Armeecorps die Freude, als Sieger in eine Stadt einzuziehen.
Es that uns wahrhaft wohl, dieses Gefühl des Siegers —
wie es dem müden Wanderer angenehm ist, wenn er zu
Pferde steigt.

Wir hatten 100 Mann Verlust. Von diesen fanden
wir den Tag nach der Schlacht bei dreissig todte Serbianer knapp am Rande jener feindlich gesinnten Vorstadt
in Lagen aufgehäuft, welche nur teuflische Lust über
gefallene Feinde ersinnen konnte. Das fliehende 28. Honvedbataillon, anerkannt tapfer, wird zu dieser Unwürdig-
keit kaum Fähigkeit und Zeit gehabt haben.

Mit der Festung Temesvar war die Verbindung hergestellt. Die Insurgenten unter Damjanié rückten nach
Hatzfeld und Ende Jännnr nach Alt-Arad. Das Bacser
Armmeecorps, am 22. Februar in Csantavér concentrit,
marschirte nach Szegedin.

Des Feindes Bacs-Banater Armee wurde nun ver-
theilt wie folgt. Eine 6000 Mann starke Division unter
Hrabovsky rückte schon nach dem Treffen von Werschetz
nach Siebenbürgen zu Bem bei Piski. Ein Corps von

10,000 Mann unter Damjanić und Vecsey übersetzte die
Maros, und ersterer forcirte am 5. März den Theissüber-
gang bei Czibakháza und nahm Szolnok. Zur Deckung
des Banals und der Bacska liess der Feind das sechste
Armeecorps unter Gál zur Einschliessung der Festung
Arad und Beobachtung der Maros bis Siebenbürgen; das
vierte Armeecorps unter Haddik zu Szegedin, zum Schutze
dieses Punktes, Theresiopels und der Maros bis Mako,
zurück.

Anfangs standen die Vortruppen von diesem Corps
in Kanizsa und Sirig.

Nach einigen Ruhetagen zu Werschetz marschirte
Knitjanin mit seinen sämmtlichen Serbianern nach Gross-
Becskerek und besetzte im Halbkreise das Terrain zwischen dem Begakanale und der Theiss. Kossanić wurde
nach Gross-Kikinda vorpoussirt. General Thodorović mit
dem Corps-Hauptquartier folgte bald nach, versetzte aber
letzteres am 1. Februar nach Hatzfeld. Gleichzeitig avancirte Knitjanin, links an die Theiss gelehnt, bis Mokrin,
sein Hauptquartier nach Beschenovo an der Aranka ver-
legend. Von seiner Brigade, die bei 12,000 Mann stark
war, hielten Abtheilungen die beiden Becsej und Pade
besetzt.

Hauptmann Theodor Lazić rekrutirte zu Kikinda aus
dem ganzen serbischen Distrikte zwei Bataillone Freiwilliger, welche im Monate März auch schon gestellt, bewaffnet und zur Noth einexercirt die Vorposten an der
Maros bezogen. Im Monate April und Mai werden wir
diese zwei kaum errichteten Bataillone mit Bravour fechten sehen.

Ich kam von Hatzfeld nach Beschenovo.

Mit Ausnahme des dritten deutschbanater und der Csaikisten-Bataillone, wurden die übrigen bei Werschetz in Verwendung gestandenen Truppen des österreichisch-serbischen Armeecorps mit einer Division der kaiserlichen Garnison von Temesvar in ein Corps vereinigt, und zum Aprovisionnement der Festung Arad verwendet. Corpskommandant war F.M.L. Glaser, General Thodorović in diesem Corps Kommandant einer Division.

Die persönliche Verwendung des Generals Thodorović zu dem allerdings sehr wichtigen Zwecke des Aprovisionnements einer Festung lenkte die Aufmerksamkeit des Generals von seiner eigentlichen so schwierigen Aufgabe völlig ab, nämlich von der Leitung der übrigen im Banate, in der Bacska und in Syrmien aufgestellten kaiserlichen Truppen, die doch alle unter seinen Befehlen standen. Wie konnte derselbe, als unter den Befehl eines Höheren unmittelbar gestellt, auch ferner das ihm anvertraute Kommando des bisher selbständigen Corps führen? Und wenn dies statthaft gewesen wäre, welch' eine Entfernung aus des Generals Hauptquartier bei Arad bis zu den äussersten Truppenabtheilungen bei Dalya und Essek? Dadurch aber blieben die Besatzungen von St. Tomasch und Turia, die Vertheidiger der Römerschanze, die Beobachtungstruppen bei Peterwardein und der Donau sich selbst überlassen. Jeder Lagerkommandant handelte nach eigenem Gutdünken, mehr noch nach dem Begehren der indisciplinirten Truppen; und so ging in der Bacska Alles nur vorwärts.

Die Besatzung von St. Tomasch, die Seite von dem

vom Feinde besetzten Peterwardein gar nicht beachtend, rückte nach Zombor, wohin auch Truppen aus Syrmien unter dem k. k. Major Dragić kamen. Ein Csaikistenbataillon unter Hauptmann Davidovatz hielt sich am rechten Theissufer gegen Becsej und Szenta. Der Rest der waffenfähigen Männer der Csaikisten bewachte spärlich die Römerschanze; sonst stand zur Beobachtung der Festung Peterwardein am linken Donauufer auch nicht ein Bataillon. Erst zu Anfang März cernirte Oberst Mamula die Festung bei Kamenitz. Die Brigade Oberst Baron Moritz Lederer besetzte in den letzten Tagen desselben Monats das linke Donauufer bei Neusatz.

Wenn den Kommandanten der regulären Grenzbataillone auch nicht der Vorwurf willkürlichen Handelns gemacht werden kann, in um so grösserem Masse schalteten und walteten jene kleinen Trupps, deren Führer ohne militärische Kenntnisse und nicht k. k. Offiziere waren. Zu dem gesellten sich auch unlautere Absichten bei Führern und Mannschaft letzterer Trupps und plötzlich war die Bacska von diesen Streifparteien, die kreuz und quer herumzogen und deren Zweck Beute zu machen war, überschwemmt.

Alles betrachtete das Corps für aufgelöst und den Krieg für beendet. K. k. Feldmarschall Nugent befand sich bei Essek. Aber er hatte die Ueberzeugung von dem Bestande des Corpscommando's, auch war dessen Aufmerksamkeit und rege Thätigkeit vielfältig in Beziehung zur Hauptarmee und für die Draulinie in Anspruch genommen, sonst würde er gewiss mit militärischer Strenge diese Missbräuche abzustellen gesucht haben.

Am 7. Februar traf ich im Hauptquartier Knitjanins
zu Beschenovo ein. — Am 8. hörten wir die Kanonade
bei Arad. Ich war traurig, nicht mit im Kampfe bei
meinen tapferen Kameraden zu sein, von denen so
mancher heute den Heldentod sterben wird. — Meine
Ahnung bestätigte sich.

Die Verproviantirung der Festung Arad gelang aufs
Glänzendste. Die Maros war gefroren. Der Feind in Alt-Arad
war auf der Flucht, sechszehn grobe Geschütze jenseits
am Ufer nur schwach von ihm beschützt, für den kühnen
Michl Jovanović Grund genug, um ohne einen Befehl abzuwarten, mit seinen Peterwardeinern sich hinüberzustürzen.
Hauptmann Scharić folgt ihm schnell (das eroberte Geschütz sucht letzterer übers Eis zu bringen, einige der
schwersten Kaliber brechen durchs Eis), während Michl
unaufgehalten bis an den Platz in Alt-Arad vorrückt. —
Hier verliess ihn die kriegerische Vorsicht, oder fühlte
er sich zu schwach; statt weiter den entmuthigten Feind
zu verfolgen und jenseits sogleich die Einfassung zu besetzen, bleibt er stehen, verliert die Zügel aus seiner
Hand. — Eine verhältnissmässig kleine, in diesem Augenblicke jedoch hinreichend kühne feindliche Abtheilung
unter Asztalos, die westlich von der Maros auf Vorposten
detachirt war und jetzt durch die Stadt ihren Rückzug
nehmen muss, sieht die Unsrigen zum Theile zerstreut,
wirft sich auf sie und richtet grosse Verwirrung an. Die
Peterwardeiner und Illirischbanater, Hauptmann Scharić,
waren indessen nachgekommen, sehen sich in Flanke und
Rücken angegriffen und treten den Rückzug an. Hauptmann Scharić, sein Adjutant und Michl sind dabei die

Letzten die ans Weichen denken. Eine Barrikade stand ihnen im Wege. Die Pferde scheuen sich, solche zu übersetzen. Scharić steigt ab und rathet Michl dasselbe zu thun. Aber indem letzterer das Uebersetzen forciren will, fällt aus einem Hause ein Schuss und Michl stürzt entseelt zu Boden.

Dein Ruhm, Michl! war für Deine Jugend zu glänzend, Du zu kühn, um lange zu währen.

Ehre Deinem Andenken!

Bevor ich die Ereignisse im Süden fortsetze, müssen wir einen Blick auf die grosse kaiserliche Armee werfen.

Die Hauptarmee.

Das Hauptquartier in Ofen. FML. Bamberg folgt Görgey am Fusse über Leutschau. FML. Schlick marschirt nach dem Verluste des Braniskopasses am 8. Febr. von Kaschau und verbindet sich bei Losonz mit der Hauptarmee. Görgey entschlüpft über Kaschau zur oberen Theiss. Von Pest aus kreisen weit ausgehende Streifkommanden nach Gyöngyös, Czibakháza und Szolnok, um Kundschaft über den Feind einzuziehen und dem sträflichen Treiben der Aufwiegler Einhalt zu thun.

General Thodorović meldet seine Vereinigung mit dem Verproviantirungscorps und gleichzeitig seine Absicht, so bald als möglich auf Kanizsa loszurücken und sich von da baldigst mit der Hauptarmee zu verbinden. Fürst Windischgrätz bezeichnet hiezu das erste Armeecorps unter Ban Jellaćić, in der Direction nach Szegedin, wo auch von FM. Nugent ein Streifdetachement eintreffen soll.

FM. Nugent bringt Essek am 13. Februar zur Uebergabe, und entsendet eine starke Abtheilung über Battina und Bezdan in der Richtung nach Theresiopel.

Der k. k. Oberst Mamula hat indessen von der Kamenitzer Seite die Festung Peterwardein enger, und mittels in Angriff genommener Arbeiten fester, Hauptmann
Bigga von Carlowitz und dem Berge Vezirac aus, weiter
eingeschlossen.

In Siebenbürgen wird Bem am 4. Februar bei Karls-
burg fast bis zur Vernichtung durch Buchner geschlagen,
aber der unbenützte Sieg lässt den Feind bei Piski den
9. Februar durch die im zweifelhaftesten Momente aus
dem Banate eingetroffene Verstärkung von 6000 Mann
unter Hrabovsky sich an der Brücke behaupten, ja gewährt sogar dem der Auflösung nahe gewesenen Bem
einen Ausweg im Angesichte Karlsburgs in das Kohlthal
und nach Schässburg, von wo aus er jenen Angriff auf
Hermannstadt am 11. März zu führen im Stande war.

Das obenerwähnte, dem Corps Knitjanins gegenüber
stehende vierte Corps unter Haddik hatte:

I. Division. Kommandant: Gal der Jüngere.
Hauptquartier: M. Theresiopel.
2 $\frac{1}{2}$ Bataillon Infanterie.
3 Escadronen.
6 Geschütze.

II. Division. Kommandant: Igmandy.
Hauptquartier: Szegedin.
7 Bataillon Infanterie.
4 Escadronen.
16 Geschütze.

zusammen 9 $\frac{1}{2}$ Bataillon Infanterie, 7 Escadron, 22 Geschütze.

Es wuchs jedoch dieses Corps durch der Serben vor-
zeitigen Angriff schon Ende Februar auf sechszehn Bataillone, vier und eine halbe Escadron und dreissig Geschütze.

Aus dem Gesagten erhellet, dass es im Februar ein
Leichtes gewesen wäre, das nur mit zwei und einem
halben Bataillone besetzte, zur Vertheidigung gar nicht
geeignete Theresiopel und ebenso das sehr ausgedehnte,
mit fünf Bataillonen nicht zu haltende Szegedin von Nord-
westen zu nehmen.

Knitjanins linker Flügel unter dem Kommando des
fürstl. serb. Senators Lazar Zuban hielt sich längs der Theiss
aufwärts. Bei demselben als Unterkommandanten der verschiedenen Bezirke befanden sich: Artilleriekommandant
Milivoj Petrović, Sava Jovanović, Bogdan und Mladen, dann
die an Tapferkeit und Ehrenhaftigkeit überaus musterhaften
Rakitza und Periša Marković mit ihren Freiwilligen des
Kruschevatzer und Alexinatzer Kreises, welche beide Kreise
man mit Recht die Zierde aller 10,000 Serbianer, sowohl
in Heldenmuth, als moralischem Lebenswandel nennen
konnte.

Zuban greift Banat-Kanizsa an. Der vom panischen
Schrecken ergriffene Feind flieht nach dem jenseitigen
Orte gleichen Namens, verlässt aber auch diesen am sel-
ben Tage.

Der glücklich, ja spielend erreichte Erfolg ermuthigte
Zuban, der zwar der Kriegführung unkundig, aber —
und davor alle Achtung — seine gesicherte Stellung und
Zukunft als Senator des Fürstenthums Serbien aufgab,
um seinem angestammten Kaiser und seiner bedrohten

Heimath mit dem Schwerte zu dienen. Bei ihm ersetzte der unermüdliche Eifer die fehlende Uebung. Aber übertriebener Eifer kann auch oft schaden und der anfänglich durch Glück begünstigte Muth wird bei manchen Naturen ein schwer zu löschender verderblicher Ehrgeiz.

Zuban greift am 11. Februar ohne irgend welchen Auftrag, auch ohne Vorwissen des General Knitjanin, den Ort Sirig, im Winkel zwischen Theiss und Maros, an, nimmt ihn im ersten Anprall, verfolgt den Feind bis Neu-Szegedin, ja die freiwilligen Alexinatzer stürzen sich löwenmuthig über die Eisdecke der Theiss auf Szegedin, voll Begierde es zu nehmen. In der volkreichen Stadt herrscht Angst und Verzweiflung. — Die Nacht hinderte Zuban, sich mit einer Handvoll Krieger in den offenen Schlund einer volkreichen Stadt zu stürzen, aus dem er gewiss nicht wieder gekommen wäre.

Wohl enthält dieser an sich unbedeutende Tag den Keim vieler trauriger Tage für die österreichischen Serben.

Die Selbstüberschätzung, der muthwillige Ehrgeiz, der unauslöschliche Durst eines Mannes nach kriegerischem Ruhm forderte das Kriegsglück heraus. Dieses wandte ihm, wandte dem ganzen serbischen Volke von Szegedin an den Rücken. Der Menschen geistiger und physischer Macht ist von Oben eine Grenze gesteckt. Im Zenit unserer Glorie, gerade in dem Augenblicke, wo wir kein Mass mehr kennend uns zum unumschränkten Gebieter der Verhälsnisse aufwerfen, wo wir — in Hochmuth aufgebläht — jeder menschlichen, ja jeder göttlichen Hilfe entbehren zu können wähnen, lässt uns die lenkende Hand Gottes in unser früheres menschliches Nichts fallen.

So hatte Attila sein Châlons, Napoleon sein Moskau, die Mongolen — Olmütz und das Leithafeld, die Osmanen — Wien, Carlo Alberto St. Lucia. So findet jede Fluth ihren Davalaghiri.

Hier denkt man unwillkürlich an jene Warnung, die 1072 vor Berzem der sterbende Alp-Arslan, des Hauses Seldschuk grösster Fürst, dem Stolze der unbegrenzt Ehrgeizigen zuruft: „In meiner Jugend hat mich ein Weiser ermahnt, mich vor Gott zu demüthigen, meiner eigenen Kraft zu misstrauen und auch den verächtlichsten Feind nicht zu verachten. Ich habe diese Lehren vernachlässigt und werde mit Recht dafür bestraft. — Als ich gestern von einer Anhöhe die Anzahl, die Kriegszucht und den Muth meiner Heere überblickte, schien die Erde unter meinem Fusstritte zu zittern und ich sprach zu mir im Herzen: Gewiss bist Du der König der Welt, der Grösste und Unbezwinglichste aller Krieger. Diese Heere sind nicht mehr die meinigen und in der Zuversicht auf meine persönliche Kraft sterbe ich nun durch die Hand eines Mörders." *)

Knitjanin war bei der Nachricht aufs höchste erzürnt. Wenn diesem Helden auch höhere Kriegswissenschaften abgingen, sah er doch ein, dass da, allerdings ohne sein Wissen und Wollen, etwas geschehen war, was sich

---

*) Nur in diesem Falle verliess Arslan seine gewohnte Selbstbeherrschung, seine Grossmuth gegen seine besiegten Feinde, indem er, anstatt den tapfern Vertheidiger der Festung Berzem, Joseph den Karismianer, zu beloben, ihn zum Tode verurtheilen liess. Als nun dieser den Dolch gegen den Sultan zückte, hatte Arslan die Rachsucht oder Eitelkeit, als der beste Bogenschütze, seinen Gegner selbst zu tödten. Sein Fuss glitt aus, der Pfeil fehlte, und ihn traf des Mörders Klinge.

nicht mehr repariren liess. In dem Kreise von der
Aranka zu den beiden Kanizsa aufgestellt und hier die
Uebergangspunkte in die Bacska befestigend, konnten wir
gewiss, bloss beobachtend, die Fortschritte der grossen
kaiserlichen Armee erwarten, um dann im Einklange zu
agiren. Der so verübte Druck auf des Feindes wichtigsten Punkt Szegedin, die dadurch für ihn entstandene
Gefahr, trieb seine Spannkraft aufs höchste. In kurzer
Zeit waren noch einmal so viel Bataillone gestellt und
eingeübt und das Gleichgewicht nicht nur hergestellt, sondern der Serben Kräfte weit überboten.

Knitjanin entsandte eine Division Deutschbanater unter Hauptmann Vitja Atanazković nach Beba als Zwischen-
posten, welcher wieder am 12. Februar, wo das Gros
und Hauptquartier nach Beba avancirte, nach Sirig zu
Zuban vorrückte.

Am selben Tage kam ich nach Sirig, um die Ver-
theidigungsaufstellung daselbst zu regeln. Der unermüdliche Milivoj war schon mit dem Bau von Schanzen um
das ziemlich vortheilhaft gelegene Dorf beschäftigt.

Am 13. Mittags macht der Feind einen kräftigen
Ausfall aus Neu-Szegedin, überfällt Sirig, dessen sich die
Besatzung gar nicht versah, und innerhalb weniger Minuten war der Ort in Feindeshand und in hellen Flammen. Knitjanin fährt, nur von drei Mann begleitet, auf
den Kampfplatz, während ich mit der Reserve und dem
Geschütz auf dem grundlosen Wege so schnell als möglich nachrückte. Nur durch sein Erscheinen stellt der
General das Gefecht wieder her; denn es fehlte nicht viel,
so wäre Zubans linke Flanke von der feindlichen Reiterei

und dem Geschütz umgangen gewesen und den Unsrigen
drohte die Gefahr, in die Maros geworfen zu werden.
Als ich gegen vier Uhr ankam, war das Gefecht bereits
abgebrochen, der Feind im Rückzuge, Sirig ein rauchen-
der Schutthaufen. Unser Verlust war sehr empfindlich.
Hauptmann Vitja Atanazković hielt mit seiner Division die
Weingärten links des Ortes tapfer und hartnäckigst bis
zum Ende des Kampfes. Der tapfere Rakitza erschien
mit seinen Kruschevatzern von St. Ivan rechtzeitig am
Schlachtfelde, um eine Ueberflügelung der linken Flanke
Zubans zu verhindern.

Wir marschirten nach St. Ivan, von da das Gros
nach Beba, ein Theil nach Gyala und Keresztur, ein
grösserer unter Zuban und Milivoj nach Oroszlamos.

Der Schlag bei Sirig war der erste und einzige im
ganzen Feldzuge, den Knitjanin zwar nicht in Person,
aber seine Avantegarde auf seine Rechnung erlitt. Er
allein rettete die Truppen vor gänzlichem Verderben.
Die Wunde jedoch war unheilbar. Bei unseren Truppen
sank, bei denen des Feindes stieg der Muth. Der
Schrecken vor den Serbianern war geschwunden.

Unsere Stellung war nun: rechter Flügel Beba,
linker Keresztur und Gyala, das Centrum etwas versagt
in Oroszlamos. In Kanizsa ein kleines Detachement. Dagegen in dem jenseitigen Kanizsa k. k. Hauptmann Davidovatz mit 1000 Mann Csaikisten, 600 Serbianern und
acht Geschützen.

General Thodorović ist immer noch in dem zusam-
mengesetzten Corps zwischen Arad und Temesvar. Als
Generalstabschef des österreichisch-serbischen Armeecorps

kam der Theresien-Ordensritter Major Maročić, doch bald darauf Oberst Herdy. Ersterer ging zum Siebenbürgischen Corps.

In der Zeit bis Ende Februar liess uns der Feind in Ruhe.

Eine Veränderung ging jedoch in Knitjanins Corps vor sich. Seinen Freiwilligen musste man bei Beginn des Krieges und bei dem Herüberkommen der Verstärkungen die Zeit ihrer Verwendung begrenzen. Dieses Ziel war die Maroslinie. Bis hierher, glaubte man, wird auch der Krieg in ganz Ungarn zu Ende sein. Auch war die Maros die Grenze jenes Territoriums, welches die Serben vom Monarchen unter dem Namen „Serbische Wojwodschaft" sich erbaten. Jetzt gerade bedurfte die kaiserliche Sache der Verstärkung durch Knitjanin mehr als je. Denn wer sollte die Theisslinie halten, da die Grenzbataillone mit General Thodorović zu andern Zwecken bei Temesvar festgehalten wurden? Die Freiwilligen dachten jedoch an das ihnen gegebene Versprechen. Ein grosser Theil schlug sich schon zehn Monate in den Ebenen herum, ihre mitgebrachte Kleidung war zerfetzt, neue zu verabreichen war man nicht im Stande, denn auch die Grenzer hatten ihre eigene Hausmontour. Auch der Unfall bei Sirig trug das seinige bei. Es meldeten sich einige dringender Familienangelegenheiten wegen nach Hause. Knitjanin konnte es ihnen nicht wehren. Nun kamen mehr und noch mehr und bald sah der General sein Corps auf 7000 Mann herabschmelzen. Des Schmelzens war noch kein Ende. Knitjanin versammelt alle seine Freiwilligen in Gyala um sich und hält eine kurze

Rede an sie, die für Redner und Hörer zu characteristisch
ist, um sie nicht hier wörtlich zu geben.

Knitjanin sitzt im Wagen, zur Abreise bereit, raucht
seinen Csibuk, während tiefe Stille unter den Versammelten herrscht.

„Es haben sich in letzter Zeit viele von Euch ge-
meldet, nach Hause zu gehen. Ich verweigerte es nicht,
wiewohl ich's hätte thun sollen, denn wisset, so gross
ist die Noth daheim nicht. Nur einzelne unter den Ersten
mögen triftige Gründe gehabt haben, die andern aber
sahen — Schafen gleich — jene über den Balken sprin-
gen und sprangen nach. (Hier ahmte er den Sprung mit
dem Zeigefinger über die Wagenflechte nach.) Was aber
wird die Welt sagen zu solchem feigen Treiben? Seht
dort auf dem Vračar, wie die serbischen Freiwilligen
......!" — Nach einer Pause: „Jeder Mensch hat den
Trieb in sich nach Auszeichnung („so ist's!"), der eine
im Guten, der andere sogar als Hajduk im Bösen („so
ist's!"); denn der für gar nichts Sinn hat, gleicht einem
Sch....! (Bewunderung und allgemeine Heiterkeit.) Und
so hoffe ich, dass Ihr Euch auch ferner auszeichnen werdet
im Guten, das heisst: im Ausharren, im Helfen diesen
Euern Brüdern hier, in Tapferkeit und im Gehorsam."
(„Wir wollens. Dank der Liebe und dem Worte.")
Knitjanin ruft: „Mit Gott!" und fährt davon.

Von dem Tage an meldete sich keiner.

Aber ein grösserer Schlag traf die Ordre de bataille
unseres Armeecorps.

Man wusste, gewiss durch des Feindes schlaue Ein-
fädelung, der Anwesenheit und der heldenmüthigen An-

strengung und Opferwilligkeit Knitjanins und seinen Serben in den kaiserlichen Staaten, unlautere Absichten zu unterschieben. Fürst Alexander Kaiageorgievié, hievon in Kenntniss gesetzt, befehligte Knitjanin zur unverzüglichen Räumung des Kaiserstaates und zur Heimkehr.

Knitjanin berichtete an Thodorović die letzten Ereignisse und den erhaltenen Auftrag und bat, dass man ihn verabschiede.

General Thodorović rückte mit den Grenzern an die Theiss, Hauptquartier Banat-Kanizsa. Knitjanin, der Held im vollsten Sinne des Wortes, sagte uns Adieu! Unbegrenzte Hochachtung und Dankbarkeit von Seite aller kaiserlichen Kriegsmänner begleitete den Helden. Die Freiwilligen wurden mit Dampfer nach Belgrad befördert.

Das österreichisch-serbische Armeecorps bestand nunmehr aus folgenden Streitkräften:

Peterwardeiner Grenzer	. 3 Bat.	
Deutschbanater „	. 2 „	
Illirischbanater „	. 2 „	
Csaikisten	. 1 „	
Neuorganisirte Freiwillige des Kikindaer Distriktes	2 „	
1 Division Schwarzenberg-Uhlanen .	. —	2 Esc.
1 „ National-Uhlanen . .	. —	2 „
Geschütze	. — —	30 St.

Summa 10 Bat. 4 Esc. 30 Gesch.

In Banat-Becsej, Gr. Becskerek etc. standen erst in der Aufstellung begriffene Grenzbataillone, deren Bewaffnung erst vom FM. Fürst Windischgrätz erbeten werden sollte.

Im Csaikistenbezirke stand ein Bataillon; bei Carlowitz und in Zombor je ein Bataillon Peterwardeiner und ein Bataillon Provinzialisten Syrmiens, ausserdem in letzterem Orte noch ein Bataillon Csaikisten und eine Division Zomborer Freiwilliger. Die Gesammtstärke des Corps betrug daher $17\frac{2}{3}$ Bataillon, 4 Escadronen und 70 Geschütze, mit denen man einen Flächenraum von 416 Quadratmeilen zu decken hatte, und in welchem zum Ueberflusse noch mitten im Centrum die vom Feinde besetzte Festung Peterwardein lag, die zwar am rechten, nicht aber am linken Donauufer cernirt war.

Die Truppen hatten folgende Aufstellung:

Brigade Oberstlieutenant Ozwerek mit vier Bataillonen auf Vorposten. Davon zehn Compagnien mit dem Brigadekommando in Beba; zwei Compagnien unter dem Kommando des Hauptmann Vitja Atanacković in Klein-Zombor an der Maros; zwei Bataillone in Sirig, Deszka und St. Ivan und in dem Wäldchen an der Theiss, westlich des letzteren Ortes.

Banat-Kanižsa mit dem Hauptquatier, mit einem Bataillon, das jenseitige Kanizsa mit drei, Keresztur mit zwei Bataillonen besetzt.

Nach Oroszlamos kam die Divison Schwarzenberg-Uhlanen unter Kommando des Major Baron Schirnding. Ich war bei der Brigade Ozwerek in Beba eingetheilt.

Zwischen den beiden Kanizsa war eine Flossbrücke geschlagen und vor derselben ein grosser Brückenkopf in Angriff genommen, während Bacs-Kanizsa im Halbkreise geschlossene Schanzen erhielt.

Aus der Bacska meldet Major Dragić, er habe mit einem syrmischen Provinzial- und einem Csaikistenbataillon unter Hauptmann Stejin von Zombor aus einen Handstreich auf Theresiopel ausführen wollen, sei bis Baymok vorgerückt, hier jedoch von dem 3000 Mann starken Feinde unter Gál zurückgeschlagen worden. Nebst bedeutendem Verluste an Todten, blieb auch das achtzehnpfündige Geschütz, „Csicsa" genannt, im Sumpfe stecken.

Um die Mitte März kam der k. k. Oberstlieutenant Graf Nugent mit einer Abtheilung Kürassiere und einer halben Batterie nach Zombor und übernahm das Kommando über alle daselbst befindlichen Truppen.

In St. Tomasch, diesem wichtigen Platze, war gar keine reguläre Abtheilung; die Bevölkerung bewaffnet, doch ohne militärisches Kommando. Die Verschanzungen verschüttete man theilweise, als ständen wir im tiefsten Frieden. In Despot-St.-Ivan, Kula, Sivatz und längs des Franzenskanals schlugen sich einzelne Serbianertrupps, die Knitjanins Gebot, die Bacska zu räumen, nicht nachgekommen waren, immer noch herum.

Was den letzten Haltpunkt, den Csaikistenbezirk betrifft, so würden zwei Bataillone aus Peterwardein hingereicht haben, solchen und auch das wichtige Tittler Plateau zu nehmen. Im Banate haben wir die Truppenaufstellung gesehen. In Siebenbürgen ging mit dem 11. März Hermannstadt, und damit die ganze Provinz für die kaiserliche Sache verloren. Bem beutete den Sieg zur Organisirung eines frischen Corps aus, mit welchem er ins Banat zu fallen beabsichtigte.

Im Norden befand sich schon am 12. März das erste Armeecorps unter Ban Jellačić in Kecskemet. Diess erfuhr General Thodorović durch Kundschafter. Eine Vereinigung konnte nicht stattfinden, da die wenigen Grenzbataillone, — unadjustirt und schlecht bewaffnet, weder geeignet waren, einen Marsch beim besetzten Szegedin vorbei dahin zu machen, noch irgend welchen besonderen Nutzen der kaiserlichen Armee zu gewähren. Erspriesslich war Thodorović in seiner Passivität, weil er dadurch die feindlichen Streitkräfte an Szegedin und die Marosmündung festhielt.

. Während die kaiserliche Armee von Kecskemet über N. Körös bis Höves aufgestellt war, und Czibakhaza, Szolnok und Boroszlo beobachtete, erschien Perczel-Moricz plötzlich am südlichen Kriegsschauplatze, um sich nach jenem Schlage bei Moor wieder geltend zu machen. Seine Märsche, Angriffe und Demonstrationen geschahen ohne allem Zusammenhange, und nur insoferne von der feindlichen Hauptarmee bedingt, als die von der letzteren am 17. und 26. März angegriffene Offensive von Erfolg begleitet, jenem umso grössern Muth zu seinen Streifungen einflösste. Er hatte sich einige Bataillons Freiwilliger gesammelt. Mit diesen und mit dem in Szegedin stehenden Corps suchte er das öster.-serbische Corps von der Maros abzudrängen.

In Sirig kommandirte Hauptmann Milekić, in Zombor a/d Maros Hauptmann Vitja Atanacković.

Am 22. März hörte man von Mako und Zombor her heftiges Geschützfeuer, ohne dass irgend sonst ein Kampf zu bemerken war. — Ich rückte sogleich mit dem Peterwardeiner Reservebataillon gegen Zombor zur Unterstützung. Ich eilte dem Bataillone voraus, fand aber schon den Ort in Feindeshand und die Unsrigen versprengt. Die Munitionswägen führen gegen Beba. Die einzelnen Theile der Division zogen sich gegen Gross-St.-Miklos zurück. Der Angriff geschah unvermuthet. Der Feind hatte die

Maros aufwärts ausserhalb des Gesichtskreises unserer
Vorposten übersetzt, und in dem Walde entlang dem linken Ufer, sich unserm rechten Flügel genähert. Der eigentliche Angriff aus Mako begann, die Aufmerksamkeit
der Unsrigen auf sich lenkend, als Atanackovié sich im
Rücken eingeschlossen sah. Allerdings war der Feind nur
ein halbes Bataillon stark; im Rücken einer Division reicht
es hin. Der Kampf war auf Leben und Tod. Es gelang
nur kleinen Klumpen sich durchzuschlagen. Der tapferste
darunter war jener des Lieutenant Paul Putnik. Wieder
wollte — wie bei Jarkovatz, dieser junge Krieger nichts
vom Ergeben wissen, und wohin er sich warf, entstand
eine Gasse zum Durchmarsche. Viele von uns fielen, einige geriethen in Gefangenschaft, darunter Oberlieutenant
Zavišić.

Da war für mich nichts mehr zu thun. Das Peterwardeiner Bataillon war noch sehr weit zurückgeblieben.
Ich ritt zurück zu demselben, als plötzlich bei Sirig ein
Geschützkampf entbrennt. Ich nehme mit dem Bataillon
die Direktion querfeldein auf die Kirche von Sirig zu.

Als ich in der Höhe von Deszka erschien, sah ich
unsre Besatzung von Sirig gegen Deszka in eiligem Rückzuge, zwei Divisionen Husaren mit einer halben Batterie
hatten ihre linke Flanke umgangen, und sie solcherart im
Rücken und in der Seite bedrohend gegen die Maros gedrückt. Oberstlieutenant Ozwerek war bald auf dem Schlachtfelde angekommen, und leitete die Vertheidigung. Zwei
Stunden hielt sich unsre Truppe in Sirig. Auf dem Rückzuge durch Deszka versuchte Ozwerek nochmals Halt zu
machen. Doch jene Ueberflügelung fand dermassen statt,

dass der Feind bereits den östlichen Ausgang von Deszka versperrt hatte. Ozwerck blieb nur das einzige Mittel, sich mit dem Bajonet Bahn zu brechen. In diesem Augenblicke formirte ich mein Bataillon, eine halbe Stunde südlich Deszka, also im Rücken jener feindlichen Ueberflügelungscolonne. Durch einen glücklichen Zufall fing ich hier unsere vier sechspfündige Geschütze auf, die noch bei Zeiten jener Colonne entschlüpft nach Beba zurückgingen. Einige Schüsse im Rücken der feindlichen Kavallerie, und sie sprengte davon. Ozwerck war befreit. Er bog unter einem rechten Winkel gegen Süden und wir setzten den Rückzug nach Beba fort.

Am 26. März Früh ward ich beordert, mit einer Division Infanterie, einen Flügel Uhlanen und zwei Geschützen gegen Zombor zu rücken, die Besatzung über die Maros zu werfen und die Bewohner für ihre Raubzüge zu bestrafen. Auf dem halben Wege dahin hörte ich im Rücken bei Gyala eine Kanonade. Ich setzte meinen Marsch fort, jagte einen Trupp Reiter zurück, und liess einige längstverlassene Häuser am Rande von Zombor anzünden. Gyala im Rücken brannte lichterloh. Doch die Geschütze schwiegen. Den Feind mag der Kampf hier bei Mako überrascht haben, denn er stellte jede Bewegung vorwärts ein, und ging nach Szegedin zurück. Es war von ihm an diesem Tage ein combinirter Angriff veranstaltet. Denn auch am rechten Theissufer griff eine starke Colonne Kanizsa an. Unsere Besatzung wich, der Ort ging in Flammen auf. Die Flussbrücke wurde abgebrochen.

Am 27. concentrirte sich das Corps unter Thodorović bei Beba. Oberst Herdy sollte von Kanizsa aus und

auf dem Wege von Keresztur her die Csaikistenbataillone
zuführen. Das Corps machte eine Vorrückung bis nach
Sirig und zu dem Damme zwischen diesem und Neu-Szegedin. Der Feind verblieb in Szegedin, d. h. die schwa-
che gewöhnliche Besatzung. Perczel war indessen im vollen
Zuge durch die Bacska, um die Verbindung mit der Festung Peterwardein herzustellen. Im Rückmarsche nach
Oroszlamos sah ich einen Wagen mit zwei Personen von
Beba gegen Szegedin fahren. Als die von mir entsendete
Patrouille jenen Reisenden näher kam, nahmen sie auf
Szegedin zu ihre Flucht. Nicht lange darnach sehen wir
auf derselben Seite von Szegedin her einen Mann zu Fuss
daherlaufen. Es war der Kutscher jenes Wagens. Er führte
den Semliner Bürger Anagnosta als Courier, welcher De-
peschen von FM. Fürst Windischgrätz an General Thodorović abzugeben hatte. Sie glaubten, unsre Patrouille
sei feindlich und liefen in die Hände des Feindes. Anagnosta und der ihn begleitende Serbianer setzten sich,
von einer Husarenabtheilung umrungen, zur Wehre. Nachdem beide fürchterlich zerhaut waren, wurde Anagnosta
überwältigt. Der Serbianer behauptete sich in einer Ein-
schicht bis zur Dunkelheit. Mit vielen Wunden bedeckt
kam der Mann Nachts ins Hauptquartier und erzählte uns
die Begebenheit. Der Feind liess den Semliner Bürger
hinrichten.

Das Hauptquartier kam nach Kanizsa. In der Nähe
lagerten die Truppen.

Die serbische Bevölkerung aller umliegenden Ortschaften floh nach diesen unglücklichen Ereignissen in
Hast, alles im Stiche lassend. Bei dem jedesmaligen An-

griffe auf einem Orte fiel eine grosse Zahl der Einwohner ohne Unterschied des Alters und Geschlechtes der Wuth des Feindes als Opfer. Natürlich konnte auf diese Art keine serbische Familie den Wütherichen auf Gnade oder Ungnade sich ergeben. Alle suchten Schutz und Rettung bei den Truppen des Armeecorps. Perczel bemühte sich den Ausspruch Kossuths: „sämmtliche Serben auszurotten", konsequent durchzuführen.

Am 30. März erhielt ich den Befehl nach Zombor in der Bacska abzugehen, wo ich meine Eintheilung an der Seite des Oberstlieutenant Albert Grafen Nugent erhielt. Es handelte sich um die Beobachtung des Franzenskanals und die Behauptung von Zombor, über welches man die Verbindung mit der Hauptarmee herzustellen beabsichtigte.

Die Trennung von meinen bisherigen Kommandanten war mir schwer. Oberstlieutenant Ozwerek war ein Muster für seine Untergebenen. Im Kampfe stets der Vorderste, war er jederzeit guter Laune. Furcht kannte der Mann nicht. Ausser der Schlacht war er der liebreichste, wohlwollendste Mensch, der zärtlichste Familienvater. Desshalb hatte er jedoch im Gefechte nie Rücksicht auf sein Leben. „Dem Monarchen und dem Vaterlande, der Ordnung und dem Gesetze gehören wir ja alle an. Wir so gut, wie unsere ganze Familie" waren seine Worte.

In diesen trüben Tagen lernte ich auf Vorposten bei Deszka einen Kameraden, k. k. Oberlieut. Georg Grivičić*)

---

*) Er fiel 1859 bei Solferino, auf Medole stürmend, schwer verwundet in fremde Hände; kommandirt gegenwärtig das Regiment Kronprinz Rudolf.

beim Generalstabe kennen. Dass wir innige Freunde geworden, ist nicht zu verwundern. Was würde uns Kriegern für alle die Entbehrungen und Mühseligkeiten sonst entschädigen, wenn nicht — das Bewusstsein erfüllter Pflicht, und des Freundes warmer Händedruck!

Am 30. Abends meldete ich mich im Hauptquartier. Andern Tages trat ich mit den nöthigen Instruktionen versehen meine Reise an. Ich kam über Pade, Beodra Abends nach Becsej. Hier traf ich Hauptmann Bugarsky des deutschbanater Regiments mit einer Division mit Sensen und Picken bewaffneter Grenzer.

Am 1. langte ich über Bacska-Becsej, um welches Redouten im Baue begriffen waren, über Földvar und Turia in St. Tomasch an. Hier sah es sehr wüste aus.

Am selben Tage kam die Nachricht: Perczel sei mit einem Armeecorps in Kula, Kiskér, Despot-St.-Ivan. Eine einzige Division Peterwardeiner unter Kommando des Hauptmann Theodor Bossnić befand sich in der Nähe. Bossnić eilte auf die Kunde nach St. Tomasch und besetzte es. Die kleinen einzeln herumirrenden Buljugbascha-Serbianer waren überrumpelt und zersprengt. Ein Theil verstärkte Bossnić, der andere ging nach Zombor.

Perczel hatte nach dem 26. März Banat verlassen, und rückte in Doppelmärschen nach Peterwardein. Er vereinigte sich mit der Besatzung. Weil er aber am Wege gesehen hatte, dass die Linie des Franzenskanals und überhaupt der Süden der Bacska völlig schutzlos da lag, nahm er sich vor, St. Tomasch, das einst so gefürchtete, zu nehmen.

Er schickte an die Bewohner, die übrigens nicht die
geringste Furcht hatten, eine Aufforderung zur Uebergabe. Wie sich von dem so oft bewährten Muthe erwarten liess, war davon gar keine Rede. Und doch waren
alle Vertheidigungsmittel derart, dass man zwar sich nicht
ergeben, aber den Platz räumen, und binnen 48 stün-
diger Bedenkzeit sammt und sonders sich hinter die Römerschanze flüchten sollte. Wie schon gesagt, waren die
ohnehin spärlichen schwachen Verschanzungen theilweise
verfallen. Nur eine Division regulärer Truppen mit fünf
dreipfündigen Geschützen bildete die Besatzung. Was aber
am meisten fehlte war Munition. Es kamen kaum 100
Patronen auf den Mann, und ebensoviel aufs Geschütz.

Perczel hatte : 8 Bataillone Infanterie, 6 Escadronen
Husaren und 24 Geschütze.

Als ich den unerschütterlichen Entschluss der St. Tomascher sah, trachtete ich, alle jene Mitteln anzuwenden,
wodurch eine Behauptung des Platzes möglich ward. Als
im Range der Aelteste übernahm ich das Kommando.
Bossnić ging mir mit unermüdlichem Eifer an die Hand.
Ich schrieb nach Becskerek, und bath den Patriarchen Rajaćić, die zwei eisernen Zwölfpfünder mir zu schicken.
Einen Kourier entsandte ich um Munition; einen andern
an Oberst Mamula mit der Bitte, von Kamenitz aus am
3. April, dem Tage des Angriffes, ein Kavalleriestreif-
kommando abzusenden, welches im Rücken des Feindes
zu demonstriren hätte. An das Corpscommando erstattete
ich die Meldung über das Vorgefallene, und über die von
mir getroffenen Gegenanstalten.

Ich rechnete, wenn Geschütz und Munition auch nicht

zur rechten Zeit kommen, so sind sie doch auch später
willkommen, da ich den ersten Angriff zurückzuschlagen
hoffte. Der 2. April verstrich mit Zurüstungen. Am 3.
6 Uhr Früh ritt ich die Schanzen auf der Verbaszer
Seite ab. Hauptmann Bossnić mit einer Peterwardeiner
Compagnie drei Geschützen und mit der Bevölkerung
hielt diese Seite, ich mit der andern Grenzcompagnie,
zwei Geschützen, hundert Serbianern, St. Tomaschern
und einiger Mannschaft der Kis-Kérer Garde den Brückenkopf auf der Peterwardeiner Seite, besetzt.

Der Fall von St. Tomasch.

Der Feind war schon im Anmarsche. Die eine Hälfte
seines Corps rückte gegen den Brückenkopf, die andere
von Verbasz gegen die westliche Seite vor. Den geringen Munitionsvorrath hatten wir in Magazinen in den
Schanzen. Ich erwartete im Brückenkopfe den Feind.
Sein Geschütz fuhr im Halbkreise auf drei Punkten zu
vier Pieçen auf. Drei Bataillone standen, je eines zwischen den Batterien, in Front, das vierte en reserve.
Zwischen dem feindlichen rechten Flügel und dem Kanale,
auf dem Wege nach Turia, stand die Kavallerie oder bewegte sich hin und her, um gegen uns ganze Wolken
von Sand und Staub aufzuwirbeln, die der heftige Wind
gegen die Schanze trug. Um sieben Uhr früh begann

der Kampf. Unsere Kugeln erreichten des Feindes Batterien gar nicht. Der Brückenkopf war wie überschüttet mit Kugeln. Ein feindliches Bataillon nähert sich mit einer Plänklerkette dem Eingange der Schanze von Turia her. Eine Verstärkung dieser Seite schlägt den Feind zurück. Der Dreipfünder in der Front wird demontirt, das in der Mitte befindliche Pulvermagazin entzündet sich. Das Gefecht mag drei Stunden gewährt haben, als diese Pulverexplosion geschah. Der Feind war mit seinen Batterien avancirt und ein Hagel von Kartätschen fiel auf uns. Bei der Pulverentzündung geräth ein Kanonier des Csaikistenbataillons in Brand. Um nicht zu verbrennen stürzt er sich in den Kanal. Dies halten die Verzagtesten für Flucht. Der stürmende Feind ist am Grabenrande, einige Vertheidiger der Eingangsseite lösen sich von der Brustwehr ab und wollen dem Damme zueilen. Ich werfe mich ihnen entgegen und bringe sie mit aller Strenge auf ihre verlassenen Plätze. Nur einen Augenblick und plötzlich stürzt die ganze Seite zurück und mich zu Boden werfend, über mich der Brücke zu. Als ich nach vielem Ringen mich emporrichte, sind fünf bis sechs Feinde in der Schanze, viele auf der Brustwehrkrone. Der Brückenkopf mit Leichen angefüllt. Ein Schuss fällt — ein Buljugbascha hatte den Tod durch eigene Hand dem Gefangenwerden vorgezogen. Die Besatzung lief zusammengedrängt über die Kanalbrücke. Ich raffe mich auf und versuche einige Rotten bei der Brücke und bei den ersten beim Damme stehenden Häusern zu sammeln und den Uebergang zu vertheidigen. Aber panischer Schrecken hatte sich Aller bemächtigt. Einige Offi-

ziere waren da, doch schon drang der Feind geschlossen
auf dem Damme vorwärts. Ich betrat mein nahes Quartier, da sah ich meinen Wagen bepackt, die Pferde an-
geschirrt, aber keinen der Diener. Die Stimmen der
schon nahe befindlichen Feinde machten, dass ich schnell
aus dem Hause sprang und den Feind rechts sehend, mich
links zur Flucht wandte. Die Baumreihen in den Gassen
dienten mir zur Deckung gegen die mir nachfliegenden
Kugeln. Ich bog um die Ecke zur Brücke über die Krivaja am
Wege nach Becsej. Das war für die ganze Bevölkerung und
Tausende von Menschen, die sich hieher geflüchtet, der einzige
Ausweg zur Flucht. Die ganze Fläche war angefüllt mit
Wagen, Kindern etc. Alles musste durch den geschlun-
genen Ausgang der Serbianerschanze gehen. Es entstand
Stockung und nun suchte jeder, alle Habe im Stich lassend, nur sich und die Seinigen über die Verbindungs-
schanze zu retten. Ich sprang auf die Krone, um einzelnen Unmächtigen hinüber zu helfen. Meine Reitpferde
standen jenseits. Der Feind rückte auch schon heran
und feuerte auf die auf der Krone befindlichen. Als er
sich näherte, sprang ich hinüber und ritt von dannen.
Unabsehbar war der Weg mit Fliehenden bedeckt. Wie
zu erwarten war, wirbelte St. Tomasch, die Zierde serbischen Heldenmuthes, in dicken schwarzen Rauchwolken
gen Himmel auf. Ein ehrwürdiger Greis, der Pfarrer
von St. Tomasch, ging langsamen Schrittes, den Stab auf
der Schulter, zeitweise gegen den brennenden Ort sich
wendend. Ergebung in des Geschickes unbeugsamen
Willen spiegelte sich in seinem Antlitze. Die Strecke
zwischen St. Tomasch und Becsej beträgt fünf Stunden

zu Fusse. Der Boden ist eben und offen. Abends kam ich in Becsej an. Hier traf ich Hauptmann Theodor Bossmić. Zwei feindliche Bajonnetangriffe schlug er zurück, als sich ihm plötzlich im Rücken die unglücklichen Ereignisse durch Erscheinen einer feindlichen Abtheilung kund gaben. Er nahm mit seiner Mannschaft seinen Rückzug rechts-rückwärts, um durch die Krivaja zu waten. Einzelnen und ihm gelang es durchzukommen, doch mehr als die Hälfte seiner Peterwardeiner Compagnie und bei 200 freiwillige St. Tomascher, wurden vom Feinde umrungen. Die Peterwardeiner liess der Wütherich einzeln, die Freiwilligen aber in Masse erschiessen.

Im Orte selbst fielen oder verbrannten die Kranken, Greise, Frauen und Kinder. Ueberwältigt von den moralischen Wunden des heutigen Tages, ritt ich, unbewusst wohin, den Weg nach St. Tomasch zurück. Die Nacht lagerte sich schon auf die Erde, der brennende Ort leuchtete vielen seiner unglücklichen Bewohner als Wegweiser, aber auch vielen als — Grabesfackel. Nur dann und wann huschten einzelne Schatten an mir vorbei. Ein von Schluchzen unterbrochenes Jammern bezeichnete den Weg nach St. Tomasch. Es waren Kinder, von der Unmenschen Hand heute Waisen geworden, die sich ihren glücklicheren Gespielen angeschlossen, aber von dem bis zum Wahnsinn gesteigerten Triebe der Selbsterhaltung fremder Mütter lieblos zurückgestossen, ermattet am Wege zusammenfielen. Ein solches Wesen, ein Mädchen von zwei bis drei Jahren, nahm ich vor mich aufs Pferd. Die Aermste erhob ihre Aermchen und flehte: „Nur die Mutter tödte mir nicht!" („Nemoj mi maiku

uhiti, nemoj!" *) Wer nach vier Monden denselben Weg
betrat, konnte an manchen Stellen kleine menschliche Ge-
rippe umhergestreut finden. Es waren die unschuldigsten
Opfer, die das serbische Volk am Altare des Vaterlandes
niedergelegt hat.

Am 4. April verliess ich Banat-Becsej und ritt in
Begleitung meines Dieners über Kumane und Tarasch zur
Žabljer Ueberfuhr. Hier fand ich Hauptmann Milekić
mit einem Aufgebote die Theiss beobachtend.

Abends kam ich nach Kovilj. Die Bevölkerung des
Csaikistenbataillons, zu denen sich fast die Hälfte der Serben aus der Bacska geflüchtet, war bestürzt. Sie ahnte
ihre Zukunft.

Von den Wällen Peterwardeins verkündeten die Geschütze den Fall von St. Tomasch.

Wenn dieser 1848 erfolgt wäre, namentlich zur
Zeit, als Ban Jellaćić bei Stuhlweissenburg oder Wien
stand, würden die Folgen schwer zu berechnen sein. So
war Essek von kaiserlichen Truppen besetzt, und das
rechte Donauufer von da bis Pest dem Feinde entwun-
den. Aber den österreichischen Serben schlug der Verlust von St. Tomasch tiefe Wunden. Die blühendsten
Orte der Bacska und des Csaikistenbataillons, in letzterem
allein zehn an der Zahl, wurden eingeäschert, die Ver-
armung der wohlhabensten Gegend und der Verlust von
mehr denn 30,000 Menschenleben, welche des Feindes

---

*) Das Kind übergab ich Nachts einer in Bacs-Becsej zurückgebliebenen
Ungarin und bat sie, das kleine Wesen in Schutz zu nehmen. Redlich hielt
die Brave ihr Wort; denn des Kindes Eltern fanden erst 1852 ihr längst
schon betrauertes Kind dort und nahmen es wieder zu sich nach St. Tomasch.

Schwert, Noth und Krankheiten auf der Flucht hinweg-
gerafft, sind die traurigen Folgen des 3. April.

Am 5. erreichte ich Carlowitz. Hauptmann Stejin
überschifft an demselben Tage, aus Zombor kommend, die
Donau und besetzt die bedrohte Römerschanze. Auch
Davidovac eilt auf die Kunde, von General Thodorović
entsandt, dem heimatlichen Herde zu Hülfe. Am 6. kam
ich nach Kamenitz mit der Absicht, meiner ursprünglichen
Aufgabe nachzukommen und nach Zombor zu gehen. Von
Oberst Mamula erfuhr ich jedoch, dass Oberstlieutenant
Graf Albert Nugent am 31. März Zombor geräumt und
sich mit Major Dragić nach Battina zurückgezogen habe.
Nachdem mir die Ehre zu Theil wurde, Oberst Mamula
persönlich kennen zu lernen, und nachdem ich die Verschanzungen angesehen, ging ich nach Carlowitz zurück,
um wieder zu General Thodorović zu kommen.

Am 7. April erscheint Knitjanin abermals auf dem
Kriegsschauplatze. Das überhandnehmende Verderben des
Volkes liess ihn nicht ruhig zusehen. Er kam, vom tapfern
Milivoj begleitet, aber statt seiner 10,000 Mann befanden
sich nur einige hundert auf dem Wege daher.

Die Römerschanze durchbrochen.

Am selben Tage sahen wir das Dorf Gospodince,
knapp hinter der Römerschanze, in Flammen aufgehen.

Perczel griff mit vereinter Macht die Schanzenlinie
in ihrer Mitte an. Die Reserve konnte nicht so schnell

voreilen, als die Erstürmung geschah. Damit war auch dieses letzte Bollwerk der Serben gefallen. In dem Csaikistenbataillon, vom Feinde selbst „der kaiserliche Garten" genannt, herrschte Rathlosigkeit und Bestürzung. Der ganze Bezirk war unrettbar verloren.

Knitjanin entsandte mich nach Titel, um die dortige Schiffswerfte und das Depôt entweder in Brand zu stecken oder die vielen Fahrzeuge wasserabwärts schwimmen zu lassen, damit sie nicht in Feindeshände gerathen.

Am 8. kam ich mit 150 Serbianern mittels Dampfboot nach Titel. Die Bevölkerung übersetzte in Massen die Donau und Theiss. Dabei muss ich den unermüdlichen, den edlen Menschenfreund, Capitän Saffron, erwähnen, der mit seinen Dampfern Tag und Nacht mit Ueberschiffen von Truppen und der flüchtigen Familien persönlich beschäftigt war. Saffron mit seinen Schiffen war die lebendige Brücke über die vielen Gewässer für die österreichisch-serbischen, für die Heimfahrt von Knitjanins Truppen, für so viele tausende von flüchtenden Familien und später für die Südarmee des FZM. Jellačić.

Nachts erst in Titel angekommen, schlief ich auf dem Schiffe. Am andern Morgen bei Tagesanbruch kam Herr Georg v. Stratimirović als ausserordentlicher Commissär vom Patriarchen Rajačić entsandt, um alle Mittel anzuwenden, damit dem Feinde die Stirne geboten werde. Stratimirović theilte mir seine Idee mit, wie bei der dem gegenwärtigen hohen Wasserstande um das Titler Plateau im Westen sich krümmende Sumpf mit Wasser angefüllt, leicht zu vertheidigende Anhaltspunkte bei Mo-

schorin und Vilovo biete. Daher wir sogleich die Bewohner bei diesen Orten zu sammeln und die beiden
Defiléen vertheidigen können. Ich war natürlich entzückt
darüber. Wir marschirten nun gegen Vilovo, alles was
uns an Bewaffneten entgegen kam mit uns nehmend.

In Vilovo fanden wir den k. k. Hauptmann Kostić
und den Artilleriecoffizier Philipp Marinković mit dem Geschütze fast ohne alle Bedeckung. Mit Freuden schlossen
sich diesem Unternehmen alle Bewohner an.

Stratimirović besetzte und befehligte die Stellung bei
Moschorin, ich behielt Vilovo.

Unsere Truppenstärke wuchs von Stunde zu Stunde.
Am selben Tage Abends war kein Mann mehr wo anders,
als an den beiden Stellungen. Die Dämme wurden durch-
stochen, denn das Wasser strömte sowohl im Norden von
der Theiss, als im Süden von der Donau her in den
breiten Sumpf. Durch die Durchstiche brauste es nun mit
Gewalt in das Becken zwischen die beiden Dämme. Am
10. Früh war diese Strecke schon undurchwatbar. Wir
arbeiteten Tag und Nacht an der Befestigung der beiden
Punkte. Milivoj nahm mit zwei groben Geschützen an
dem ausspringendem Winkel des Plateaus zwischen beiden seine Aufstellung, um dem mehr Bedrohten zu Hülfe
zu kommen. Jene zwei eisernen Zwölfpfünder, von mir
für St. Tomasch erbeten, langten in Moschorin an. Serbianer strömten mit Gesang in Schaaren herbei. Es war
eine Lust, diese kriegerische Rührigkeit zu sehen.

Ich detachirte einen überaus energischen, tapfern
jungen Mann, Nationaloberlieutenant Silanović mit zwei
Compagnieen und zwei dreipfündigen Geschützen in den

vor dem Defilée liegenden Gardinovtzer Wald auf Vorposten, um nicht im Schanzenbau gestört zu werden.

In Katj, aus welchem die Bevölkerung abgezogen,
befand sich in der Kirche ein grosser Munitionsvorrath.
Ein Csaikistenkorporal, Theodor Atanatzkov, verblieb mit
einigen Mann und zwei einpfündigen Geschützen zu seinem
Schutze daselbst, bis man nach und nach denselben nach
Vilovo geschafft haben wird. Zwei Kähne, „Seelenträn-
ker" genannt, standen bereit, des Korporals Hauptquartier
nebst Geschütz aufzunehmen. Einigemal musste ich diesem
Unteroffizier auf sein Ansuchen Einpfündermunition schicken.

Am 11. kam eine Division Zomborer Freiwilliger,
dann 120 Serbianer als Verstärkung.

Am selben Tage, der Feind lagerte bisher bei Gospodince, hörten wir eine kurze Kanonade bei Katj.

Wir wunderten uns über diesen Kampf, auch darüber, dass Perczel nicht längst schon unsere Stellungen
angegriffen, sondern uns Zeit zum Verschanzen gelassen
hatte. Wie schon gesagt, lagerte er bei Gospodince.
Seine Patrouille brachte ihm die Meldung, ein serbisches
Lager befinde sich noch in und bei Katj. Einige Schüsse
aus den Einpfündern auf diese Patrouille überzeugte letztere, dass auch Kanonen da seien. Korporal Atanatzkov
hatte sein Hauptquartier in dem grossen Wirthshause
aufgeschlagen und davor ein Geschütz aufgepflanzt. Dieses verkündete jedesmal der Welt, dass das glückliche
Hauptquartier wieder einen wohlgemeinten Toast ausge-
bracht. Jener auf der feindlichen Seite am Saume des
Ortes stehende Einpfünder gab das Echo dieser begeistern-
den Momente zurück.

Unmöglich konnte Perczel ein solches „Lager" sich in Flanke und Rücken lassen und gegen Vilovo vorrücken. Er erliess nach Katj eine feierliche Aufforderung zur Uebergabe. Unser moderner Leonidas antwortete mit einem herausfordernden „Nein." Solcherart rückt Perczel in Schlachtordnung vor Katj. Dies war jene Kanonade vom 11. die wir hörten.

Der Lagerkommandant Atanatzkov entwickelt auch seinerseits seine ganze Steitmacht, feuert einige Schüsse ab und zieht sich „ungebeugten Muthes" auf seine Schiffe zurück (die Einpfünder von der Mannschaft auf den Schultern getragen), und befand sich in Sicherheit.

Dieser scherzhafte Ernst kostete Perczel zwei werthvolle Tage, in welchen wir uns stärken und in Verfassung setzen konnten.

Am 10. erschien Perczels Aufforderung an sämmtliche Csaikisten zur Uebergabe. Am 12. Abends bezieht der Feind bei St. Ivan, unmittelbar am Sumpfe, sein Lager. Wir konnten vom Plateaurande jeden einzelnen Mann zählen. Milivoj feuert einige Kanonenschüsse ab. Die Kugeln fallen inmitten des Lagers, ohne sonstige Folgen.

Der Feind hatte ungefähr dieselbe Stärke wie vor St. Tomasch: acht Bataillone Infanterie, acht Escadronen Husaren und 24 Geschütze.

Unter meinem Kommando bei Vilovo standen: ein Bataillon Csaikisten unter Hauptmann Kostić, zwei Compagnieen Zomborer Freiwilliger, 600 Serbianer unter Drincsić, 80 St. Tomascher Freiwillige zu Pferd, dreizehn Geschütze unter Lieutenant Philipp Marinković, und zwar: ein Achtzehnpfünder, eine zehnpfündige Haubitze, fünf Drei- und sechs Einpfünder.

Ungefähr ebenso stark war Stratimirović bei Moschorin.

Bevor ich die Begebenheiten weiter erzähle, sei mir erlaubt, die so wichtig gewordenen Stellungen näher zu beschreiben.

Das Titler Plateau.*)

Etwas unterhalb der Žabljer Ueberfuhr zieht sich von der Theiss eine sumpfige Niederung, deren mittlere Breite 800 Schritte beträgt, gerade nach Süden, biegt dann nach ungefähr 7000 Schritten südöstlich und zertheilt sich mit vielen Armen in die Donau, oder in den vor der letzteren liegenden Ried. Von der Theiss bis zu dem Buge nennt man den Sumpf Drvarica. Hier führt auch der Damm von Moschorin nach Žabalj und Gyurgyevo. Südlich des Dammes befinden sich mehrere flache Inseln, unter der Benennung „Siget," von welchen jene am vorspringenden Winkel gerade zwischen St. Ivan und Vilovo mit hochstämmigen Baumgruppen bedeckt ist. Bei Vilovo führt der Damm über den Sumpf die Strasse nach Kovilj und Carlowitz. In diesem vom Sumpfe, von der Theiss und der Donau gebildeten Dreiecke liegt das bei vierzehn Klafter hohe Titler Plateau, als wäre es von

---

*) Siehe den Plan hiezu.

Menschenhand erbaut. Auf der östlichen Seite, von Titel aufwärts, längs der Theiss bis am Kamen, in einer Länge von 7000 Schritten, fallen die Abhänge schroff und senkrecht zu den Wellen der Theiss. Vom Kamen in westlicher Richtung bis Moschorin (6000 Schritte) haben sie eine Steile von 35—40 Graden, von hier im Bogen, einen fast regelmässigen Halbkreis bildend, bis Vilovo (6000 Schritte) 30—35 Grad und von hier in östlicher Richtung, bei Lok vorbei bis zur Mitte des Weges zwischen Vilovo und Titel (5000 Schritte), verflachen sich die Abhänge und sind stellenweise für alle drei Waffengattungen ersteigbar. Von Lok an, wo sich die Abdachung theilt, bis Titel ist die Böschung flacher und gar kein Bewegungshinderniss.

Oben ist das Plateau vollkommen eben und kahl, eine spärliche Allee von Titel nach Moschorin und von diesem nach Vilovo abgerechnet. Diese Fläche ist Ackerland. Einzelne Fusssteige und bedeutendere Hohlwege führen von oben abwärts in die Niederung, so drei Hohlwege bei Titel, am Kamen, bei Moschorin, Vilovo und Lok. Beim Anblick dieses Plateaus und des oben erwähnten Sumpfes drängt sich uns die Gewissheit auf, dass einstens der Sumpf ein wirklicher Arm der Theiss und dieses Plateau eine erhöhte Insel war, so wie es jetzt noch fast jedes Frühjahr ist. Wir finden diesen Winkel zwischen Donau und Theiss in der Geschichte des oströmischen Reiches eine „Insel" nennen. Dieses Plateau, in Verbindung mit dem stark zu befestigenden Perlez, bildet einen Doppelbrückenkopf im grössten Massstabe für Operationen in das Banat und in die

Bacska.*) Mit der Römerschanze liegt das Plateau in ein militärischem Verhältnisse. Dort die erste Vertheidigungslinie, hier die Aufstellung der Reserve. Ein bei zwei Klafter breiter, vom Kamme abwärts sichtbarer, etwas steilerer Streifen als die übrige Böschung des Abhanges, mag als Beweis dienen, dass man das Plateau zur Zeit der Römer auch zu solchen Aufstellungen verwendet habe, und dass in trockener Jahreszeit das Plateau selbst unmittelbar der Kampfplatz sein musste, daher jener steilere Streifen am Kamme des Abhanges, den der erstürmende Feind nur mit Mühe erklimmen konnte. Die Geschichte dieses Bodens wäre eine interessante Aufgabe für einen Historiker. Hier einige spärliche Andeutungen aus Gibbons Geschichte des oströmischen Reiches.

Trajan besiegte im Jahre 100 nach Christi die Dacier, die in dem heutigen Banate wohnten. Westlich bildete die Theiss die Grenze mit den Gothen. Trajan mag nun den eingehenden Winkel zwischen Donau und Theiss gegen diese kriegerischen Nachbarn befestiget haben, denn wir lesen, dass 297 Kaiser Diocletian „die Befestigungen der Grenze in Dacien wieder herrichten" (nicht neu aufführen) liess.

Als 270 Aurelian gezwungen ward, die römischen

---

*) Nimmt man hiezu die Anlegung eines dritten Brückenkopfes bei Slankamen für eine Vorrückung nach Syrmien, die Ungangbarkeit der breiten Riedflächen zu beiden Seiten der Theiss von Titel bis zur Donau zur Zeit eines höheren Wasserstandes, das leichte Fernhalten des Feindes von den Ufern der Theiss auch in trockener Jahreszeit, den Besatzungsraum für ein Heer von 200,000 Mann, die leichte Communication aller drei Punkte unter einander durch Brücken, und wie 1849 durch Dampfboote und eine Flottille: dann gewinnt dieser Boden noch mehr in seiner strategischen Bedeutung.

Legionen aus Dacien zurückzuziehen, überfielen letzteres
Gothen und Sarmaten. Unter Probus sind die Gothen
der Römer Verbündete. Constantin setzt 322 über die
Trajansbrücke, und erobert wieder Dacien. Der krie-
gerischeste Stamm jener „Limiganten," die ihren Namen
ihrer Empörung gegen ihre sarmatischen Herren verdank-
ten, hielt 357, da Constantin diesen Volksstamm nieder-
werfen, und die Sarmaten wieder in den Besitz einsetzen
wollte, „die Insel zwischen dem Zusammenflusse der
Theiss und der Donau," nämlich das gegenwärtige Tittler Plateau, besezt, und von hier aus setzten die Limiganten über die Donau, um die Hauptstadt Syrmium
(Mitrowitz) zu überrumpeln. Constantins Reiter hieben
sie an derselben Stelle in Stücke, auf welcher Ludwig
von Baden 1691 die Türken so glänzend geschlagen hat.
Bei den spätern Einfällen der Gothen und Hunnen, beim
Beginne des Verfalls des oströmischen Reichs, diente das
Tittler Plateau ersteren zum Vereinigungspunkte.

Die Römerschanze sieht man jetzt noch, bis auf die
verflachten Böschungen, unversehrt in ihrer Grossartigkeit.

1697 lagerte die Armee Mustapha's II. vom 29. August bis 7. September am Tittler Plateau (Spuren eines
Brückenkopfes sind jetzt noch vor Vilovo zu sehen; der
Damm bei Moschorin ist ein Werk neuerer Zeit), während Prinz Eugen seine Stellung bei Peterwardein hatte.
Die Folge von Mustapha's Unentschlossenheit und Sinnes-
änderung, indem er plötzlich vom Plateau theissaufwärts
aufbrach, um nach Tököly's Rath den kaum unterdrück-
ten Aufstand aufs Neue in Siebenbürgen zu beleben, war
der 11. September 1697 bei Szenta.

Soviel über die südöstlichste Spitze der Bacska.

Am 12. Abends, bei der Aufstellung Milivojs versammelt, besprachen wir einen nächtlichen Ueberfall um dem Feinde zuvorzukommen, und ihn für den eigentlichen Angriff auf unsere Positionen zu ermatten.

Nachts um 12 Uhr entsandte ich eine Compagnie Csaikisten und 100 Serbianer, die im Vereine mit Silanović den Feind überfallen sollten. Um dieselbe Zeit debouchirte auch aus den Moschoriner Defiléen eine noch stärkere Abtheilung. Die von Silanović geführte Colonne überraschte vor St. Ivan den auf Strohsäcken liegenden, mit einem grossen Weinfasse bewaffneten feindlichen Vorposten (auch hatten die Unsrigen eine Schaar Dirnen aufgejagt) derart, dass er — Alles im Stiche lassend — nach St. Ivan floh. Der gleichzeitige Angriff auf des Feindes linken Flügel vermehrte die Unordnung und Perczel zog sich zurück. Erst die Morgendämmerung enthüllte ihm die Hand voll Männer, die ihn verfolgten. Er entwickelte seine Streitkräfte und rückte gegen Moschorin, sich für die Unbill zu rächen.

Erstes Treffen bei Moschorin und Vilovo.

Ich hatte indess den Redoutenbau vollendet, das vorderste in meiner Aufstellung liegende Ortswachgebäude entdacht, mit der Morgenröthe des 13. (dem Charfreitag der griechischen Kirche) sämmtliche Frauen und Kinder sammt allen brennbaren Habseligkeiten aufs Plateau ausser

Schussbereich disponirt, damit die Vertheidiger durch ihrer Angehörigen Geschrei nicht beirrt werden, und erwartete so des Feindes Angriff. Da höre ich die Kanonade bei Moschorin. Meine drei Compagnieen standen bei St. Ivan. Ich fasste den Entschluss, dem Feinde in Flanke und Rücken zu fallen. Ich wollte so indirekt der Besatzung von Moschorin zu Hilfe kommen. Mit noch zwei Compagnieen Csaikisten, einigen Serbianern und drei Geschützen rückte ich selbst aus dem Defilée, das Kommando des Platzes dem Hauptmann Kostić überlassend. Kaum hatte ich meine Aufstellung etwa 1000 Schritte herwärts St. Ivan genommen, als auch aus dem Orte viele und starke feindliche Colonnen sich in Bewegung setzen. Der Kampf schwieg bei Moschorin und der Feind wandte sich mit seiner ganzen Macht auf mich und Vilovo. Eine Husarendivision und eine halbe Cavalleriebatterie galloppirte längs dem Sumpfe, um meine rechte Flanke zu umspannen und mir den Rückzug zum Defilée abzuschneiden. Ich stellte jedes Gefecht ein, und dirigirte eiligst das Geschütz in die Position bei Vilovo. Der Feind folgte mir geschlossen gemessenen Schrittes nach. Am Ausgange des Defilées waren meine Tirailleurs der Arrieregarde mit denen des Feindes vermengt. Ich opferte also die letzte Compagnie, und gab das Zeichen zur Abtragung der Brücken über die drei Durchstiche. Der Geschützkampf begann. Der Feind nahm um den Ausgang des Defilées im Halbkreise seine Aufstellung. Die Kanonade wollte schon kein Ende nehmen. Nach zwei Stunden stürmten zwei Bataillone nach einander. Sie kamen bis zum ersten Durchstich und wichen wieder. Nach ungefähr drei Stun-

22*

den brach der Feind das Gefecht ab und ging nach St.
Ivan zurück. Jene von mir geopferte Arrieregarde-Com-
pagnie hatte im Schilf und Rohrdickicht — freilich bis
zur Brust im Wasser — während dieser Zeit Schutz ge-
funden, und kroch jetzt daraus hervor und folgte plänkelnd
dem Feinde.

Bei Vilovo fielen nur vier Mann, sechs wurden verwundet.

Nach solcher Trübsal ein heiterer Siegestag. Der
Jubel der Csaikisten und der vielen aufs Plateau geflüchteten serbischen Familien aus der Bacska, war unbe-
schreiblich.

Am 14. geht der Feind in das Lager bei Katj zurück. Oberstlieutenant Puffer, Kommandant des Peterwardeiner Regiments, übernimmt an diesem Tage das
Kommando des Csaikistendistriktes und jenes der Position
bei Vilovo.

Am 15. April reiste ich nach Gr. Becskerek in General Thodorović's Hauptquartier.

Die unglücklichen Ereignisse bei der grossen kaiserlichen Armee — sie betrat am 14. April das rechte
Donauufer — übten ihren Rückschlag auf Thodorović's
schwaches Corps um so empfindlicher aus. Ort für Ort
musste aufgegeben werden. Eine Trauerbotschaft um die
andere langte im Hauptquartier an. Auch Siebenbürgen
war gefallen und Bem im Anmarsche in das Banat.

Wie bei anderen Operationen, musste auch bei diesem
Rückzuge des Corps von rein militärischen Principien
abgewichen werden. Diese schreiben den Rückmarsch
auf die Festung Temesvar vor, während die Art und

Weise des Entstehens des österreichisch-serbischen Corps
— die äusserste Kraftanstrengung zum Schutze der vom
ungarischen Ministerium mit dem Namen von Rebellen
gebrandmarkten und der Ausrottung preisgegebenen serbischen Familien — ein succesives Decken und Schirmen
der thatsächlichen in den Krieg mitverwickelten und
auf der Flucht begriffenen Bewohner gebot. General
Thodorović hielt sich an der Theiss fest und sein Stel-
lungnehmen vor jedem Orte, auf irgend günstigerem Boden, das Befestigen einzelner Stellungen, wie bei Kanizsa
und Gr. Becskerek, bezeugte und erfüllte Alles mit der
Erwartung, dass der Corpscommandant stündlich einem
Siege unserer Hauptarmee bei Pest und dadurch einem
Zurückgehen des Feindes entgegen sah.

Zur Zeit, als FZM. Ban Jellačić mit der Südarmee
von Pest nach Essek auf der Donau hinabfuhr, hatte
Thodorović folgende Stellung.

Hauptmann Lazić mit einem Bataillon Freiwilliger,
einem Flügel Nationaluhlanen in Basahid; in Banat-Becsej
Oberstlieutenant Ozwerek mit einem Bataillon Deutschbanater und vier Geschützen. In Becskerek das Hauptquartier, die Illirischbanater und ein Bataillon Freiwilliger
unter Oberlieutenant Vitja Bessarabić. In Ecska ein Bataillon Deutschbanater und die Division Schwarzenberg-
uhlanen. Major Pavellić streifte mit einer Colonne gegen
Padé. Und als erste Linie gegen Szegedin, vor Mokrin
und Kikinda, stand unbegreiflicherweise ein Landsturm
unter Zuban, ohne Geschütz, ohne Waffen, ohne Munition
und ohne eine reguläre Abtheilung, gerade geeignet, die
noch in jenen Bezirken zurückgebliebenen, auf die Gnade

und Menschlichkeit des Feindes bauenden und sich ihm
vertrauenden serbischen Familien der völligen Vernichtung
entgegenzuführen. Denn des Feindes erstem geschlossenem
Angriffe vermochte der Landsturm nicht zu wiederstehen
(war ja das Corps selbst dies nicht fähig), und der er-
bitterte Gegner brachte namenloses Elend über die Fliehenden. Er zündete Alles an, er mordete Jeden, der
ihm in den Weg kam. Und eben dies widerfuhr um
die Zeit dem Landsturm Zubans. In Verzweiflung flohen
die Familien dem Hauptquartier nach Gr. Becskerek zu.
Die Stadt war mit Menschen überfüllt. Die Ebene nach
Essek bildete ein Lager, bedeckt mit Wagen, Menschen,
Geräthschaften und Hausthieren.

Alle die Fliehenden waren durch und durch kaiserlich gesinnt, kaiserliche Unterthanen. Sie hatten zwei
tapfere Freiwilligenbataillone, die Blüthe ihrer Jugend,
in das Corps gestellt und würden gewiss noch viel mehr
gestellt haben, hätte man Waffen und Chargen zur Disposition gehabt. Wo sonst also, als unter den Fittigen
des kaiserlichen Aars und unter dem Schilde eines kaiserlichen Generals konnten sie Rettung vor einem barbarischen Feinde suchen? Und doch schien man diese
Völkerwanderung gar nicht zu beachten. Ausser jenem
Befehle — zur Bildung eines Landsturms unter Zuban —
erging auch nicht ein Wort an die Unglücklichen, dass
man sie schirmen wolle, oder dass man dies nicht im
Stande sei, und dass sie heimkehren und dem Feinde sich
auf Gnade und Ungnade ergeben mögen, damit das Corps
wenigstens von so lästigem Trosse befreit und in seinen
Bewegungen nicht gehemmt werde. Rathlos folgte die

serbische Bevölkerung dem Instinkte. Solche Ritterpflicht üben gegen eine uns freundlich gesinnte Bevölkerung sehen wir von jenen 800 Russen, die sich zum Schutze von Hermannstadt opferwillig in einen ungleichen Kampf eingelassen haben. Als der ungarische Führer Damjanić am 19. Jänner 1849 aus Werschetz debouchirte, bewegte sich langsam vor ihm her auf der Strasse eine unabsehbare Wagencolonne ungarisch gesinnter Fliehender. Er brauchte sich gar nicht in ein Gefecht mit der auf dem Eise des Alibunaer Morastes daherkommenden Brigade Knitjanin einzulassen. Er hatte grössere Stärke und vortreffliche Cavallerie, wir gar keine. Er nahm aber westlich der Strasse dennoch Stellung und kämpfte volle zwei Stunden. Indessen gewannen jene Fliehenden einen Vorsprung.

Man nimmt des Kaisers treuergebene Unterthanen, wo es sein kann, schon des eigenen Interesses und der Möglichkeit der Wiederkehr ähnlicher Verhältnisse wegen in Schutz oder ertheilt ihnen wenigstens guten Rath.

Als Perczel von Moschorin und Vilovo abgeschlagen war, versuchte er bei Katj einige Zeit zu bleiben, bis Oberstlieutenant Puffer ihn vor der Römerschanze so empfindlich schlug, dass er es für gerathener fand, ins Banat zu übersetzen.

Das Corps unter Haddik drängte von Kanizsa. Major Pavellić bestand mit seinem Häuflein ein rühmliches Gefecht, und imponirte in seinem Rückzuge derart, dass der vierfache, besonders an Cavallerie (Pavellić hatte nur einen Flügel Schwarzenberguhlanen) überlegene Feind es nicht wagte, ihn auf den endlosen Flächen zu verfolgen.

Perczel versuchte einen Uebergang bei Becsej zu er-
zwingen; von Ozwerck zurückgewiesen, übersezt er weiter aufwärts die Theiss, vereinigt sich mit Haddik, wirft
sich auf Lazić in Basahid, indem er ihn von allen Seiten
einschliesst. Der tapfere Lazić stürzt geschlossen mit gefäll-
tem Bajonnet auf die feindliche Batterie, die Kanoniere ent-
fliehen; hier hat er sich Bahn gebrochen, ohne daran denken zu dürfen, wenigstens ein Geschütz als Siegestrophäe
mitzunehmen. Man würde ihn solche auch gewiss nicht
so ungestört haben wegführen lassen. Vermuthlich war
der Feind froh, seine Batterie nicht eingebüsst zu haben,
daher geschah keine Verfolgung. Der Kommandant des
Flügels Nationaluhlanen, Nationallieutenant Graulich, ein
geborner Wiener, eine tapfere biedere Soldatenseele,
als er sich von Husaren umrungen sieht, sprengt er mit
erhobener Pistole auf sie los. Getroffen stürtzt er zusammen ohne allem Bewusstsein. Als er zu sich kam, war
es finstere Nacht, in einiger Entfernung loderte ein Wacht-
feuer; er fand sich völlig entkleidet unter vielen um
ihn gefallenen Nationaluhlanen. Graulich fühlte seinen Kopf
mit unzähligen Wunden bedeckt. Er kroch mühsam dem
Feuer zu und erkennt in den umsitzenden Kriegern den
Feind. Perczel befahl, Graulich sogleich zu erschiessen.
Doch einer der Offiziere fühlte menschlicher. Er stellte
dem Kommandanten vor, dass der Verurtheilte ohnehin
an seinen Wunden in kürzester Zeit sterben müsse, und
erbat sich die Erlaubniss, den Kranken mittelst Wagen zurückzuschicken. Graulich kam nach Gross-Kikinda.
Dort aufs freundlichste von Treugesinnten gepflegt und
zu Kräften kommend, nimmt er auf die Kunde der An-

näherung eines Detachements von Haynau's Armee seine sechs Mann starke Wache gefangen, und meldet sich beim kaiserlichen Truppen-Kommandanten als der längst schon zu den Todten gezählte Nationallieutenant Graulich. Dieser Erlebnisse ungeachtet, kann man sich kein fröhlicheres Gemüth vorstellen. Sein vermeintlicher Tod beraubte ihn der Möglichkeit, zum kaiserlichen Offizier befördert zu werden. Doch bin ich gewiss, dass seiner Tapferkeit der verdiente Lohn bis jezt schon zu Theil geworden ist.

Graulich verwendete sich nach dem Feldzuge beim FZM. Haynau für jenen, indessen vom Kriegsgerichte zum Tode verurtheilten Offizier aus der Umgebung Perczels, seinen Lebensretter, und Haynau erliess ihm jede Strafe.

Durch den Fall von Basahid musste auch Becsej von Ozwerek geräumt werden. Perczel schlug daselbst sein Hauptquartier auf. Thodorović fasste nun den Entschluss, dem Feind im offenen Felde zu begegnen, und sich mit ihm zu schlagen. Zu dem Ende übernahm Knitjanin im Csaikistenbezirke das Kommando, während Oberstlieutenant Puffer mit zwei Bataillon Peterwardeiner zum Corps stiess. Lezterer bestand am 22. April an der Römmerschanze das vorhin erwähnte siegreiche Gefecht.

Treffen bei Melence.

Das Armeecorps brach am 29. April Mittags von Gr. Becskerek gegen Melence auf, und hatte folgende Ordre de bataille:

Brigade Oberstlieutenant Puffer: zwei Bataillon Peterwardeiner, ein Bataillon Freiwilliger unter Bessarabić, ein Flügel Schwarzenberguhlanen, sechs Geschütze unter Lieutenant Gaković.

Brigade Oberstlieutenant Billek: zwei Bataillon Illirischbanater, sechs Züge Schwarzenberguhlanen, sechs Geschütze unter Lieutenant Wnorowski.

Brigade Oberstlieutenant Ozwerck: zwei Bataillon Deutschbanater, eine Escadron Nationaluhlanen, sechs Geschütze unter Lieutenant Albert Klein.

Letztere Brigade hatte durch Umgehung in der rechten Flanke des Feindes über Elemir zu erscheinen, und kam zu spät, so dass sie nur geringen Antheil an dem Gefechte nahm.

In Becskerek verblieb als Besatzung ein Bataillon Freiwilliger unter Hauptmann Lazić und eine Escadron Nationaluhlanen. Die Gesammtstärke betrug sieben Bataillone, drei Escadronen und achtzehn sechspfündige Geschütze. Der Feind zählte sechs Bataillone, acht Escadronen und vierundzwanzig Geschütze, darunter acht Zwölfpfünder.

Die Strasse nach dem eine Meile fernen Melence ist gerade und eben, ungefähr in der Mitte wird sie unter rechtem Winkel von dem von Jankahid nach Elemir führenden Wege durchschnitten. Von diesem Kreuzwege rechts seitwärts auf 800 Schritte liegt auf einer kleinen Erhöhung ein Maierhof, „Kišova odaja" genannt. Bei demselben stiess unsere Kavalleriepatrouille auf eine Infanteriedivision, welche leztere bei unserer Annäherung die Flucht ergriff. Wir sehen das ganze feindliche Lager

diesseits Melence unter die Waffen treten. Oberstlieutenant Puffer, die Wichtigkeit des Maierhofes erkennend,
dirigirt seine Brigade dahin und nimmt seine Aufstellung.
Nahe dem Objekte zwei Bataillone Peterwardeiner ins
erste, das Freiwilligenbataillon ins zweite Treffen. Die
Batterie rechts des Maierhofes in höchst nachtheiliger
Stellung, in der Nähe von Strohschobern. Links der Brigade stand Oberstlieutenant Billek, dessen Geschütze am
linken Flügel und im Brigadeintervall. Die Division
Schwarzenberguhlanen in Reserve. Ein mit Graben und
lebendigem Zaun umgebener, westlich an das Maierei-
gebäude stossender Garten wurde mit zwei Divisionen
Peterwardeiner besezt, während die übrigen Abtheilungen dieses Regiments in Divisionsmassen, wie schon gesagt, im ersten Treffen standen. - Oberstlieutnant Ozwerek
war erst in der Höhe von Elemir angelangt. Der Feind
richtete seinen Hauptangriff auf den Maierhof. Zwei
Divisionen Husaren mit vier Geschützen und eine Division Infanterie holten rechts aus, um uns zu umgehen.

In kurzer Zeit brannten jene Strohschober, die Batterie ging zurück. Jetzt concentrirte der Feind sein Feuer
auf den Garten. Plötzlich sehe ich von der Erhöhung
unser erstes Treffen am linken Flügel weichen. Ich
sprenge dahin, und finde im dichtesten Kugelregen General Thodorović und Major Janosch, sowie Oberstlieutenant Billek, bemüht die entmuthigten Truppen zum
Halten und in ihre verlassene erste Linie zu bringen,
in welcher Lieutenant Wnorowski mit der Batterie un-
erschroken verblieben war und ein lebhaftes Feuer un-
terhielt. Doch gleich darauf sehen wir die beiden Pe-

terwardeiner Bataillone, durch des Feindes Sturmcolonnen aus Garten und Maierhof hinausgedrüngt, in übereiltem Rückzuge. Oberstlieutenant Puffer wendete Alles an, die Truppe zum Stehen zu bringen und in der taktischen Form zu erhalten. In diesem Tumulte fand ich Oberlieutenant Bessarabić mit seinen Freiwilligen noch immer auf seinem ursprünglichen Platze, seine geschlossene Bataillonscolonne so fest und formgerecht, als wäre sie auf dem Exercierplatze. Kaum hatte ich den Freiwilligen meinen Willen, den Maierhof zu stürmen, kund gethan, als wir uns mit „Hurrah!“ in Bewegung setzten. In kaum einigen Minuten waren wir Herren des Objektes, der Feind im Rückzuge. Ich überliess Bessarabić die Besetzung und Vertheidigung des Maierhofes, und eilte vom Geschehenen die Meldung zu erstatten. Auch die Peterwardeiner avancirten wieder Jetzt fielen einige Kanonenschüsse auch von unserer Umgehungscolonne in des Feindes rechte Flanke. Auf allen Linien wich lezterer zurück. Ich erstattete General Thodorović, bei dem ich auch Oberlieutenant Georg Grivićić, Generalstabsoffizier der Brigade Ozwerek, traf, den Rapport und ritt von da in die Reserveaufstellung zu Oberst Herdy, damit die Kavalleriedivision wenigstens jene feindliche Umgehungscolonne in unsrer rechten Flanke verfolge.

Wir blieben Meister des Schlachtfeldes.

Ein durch blosse Infanterie und nur eine Division Reiterei gewonnener Sieg lässt sich gegenüber von acht Schwadronen Husaren in freier Ebene nicht benützen, und doch macht die Verfolgung des geschlagenen Feindes allein den Sieg vollständig. Das Corps Thodorović's in sei-

ner gegenwärtigen Verfassung konnte Schlachtfelder behaupten, ja gewinnen, aber kein Terrain; es konnte seine
Geschütze behaupten, aber keine erobern. Es reprä-
sentirte den Kampf eines Thurmes gegen Laufer und
Reiter zugleich. Die Nacht war indessen eingebrochen.
Der Feind ging nach Becsej, wir nach Becskerek zurück.
Wir hatten bedeutenden Verlust. Hauptmann Csonka
des Illirischbanater Regiments fiel, Oberlieutenant Constantin Gjurić wurde verwundet. Am 30. April Nachmittags brachte eine Bega-aufwärts geschickte Patrouille
die Meldung, ein fliegendes Corps Bems sei im Anmarsche gegen Becskerek und befinde sich bei Klek. Dadurch bekam Thodorović die Ueberzeugung, dass unsere
gegenwärtige Stellung unhaltbar sei. Das Corps brach
noch am selben Abend nach Tomaschovatz auf. Ich hatte
Befehl, mit den beiden Freiwilligenbataillonen und sechs
Geschützen die Arrieregarde zu bilden, und um zehn
Uhr aufzubrechen. Die Truppentheile des Corps raillirten sich in solcher Hast, ein starker Regen, die finstere
Nacht, ein bodenloser Weg, der panische Schrecken der
Bevölkerung machte, dass der Marsch nach Tomaschovatz einer regellosen Flucht glich. Ich hatte meine beiden Bataillone unter Gewehr und musste befürchten, wenn
ich unter solchen Umständen abmarschirte, auch meine
kaum zwei Monate aufgestellte junge Truppe in die
Unordnung gerissen zu sehen. Auch kam gegen neun
Uhr Regimentsarzt Doktor Gmeiner mit der Meldung,
das Spital der Verwundeten sei noch hier, und keine
Verfügung wäre getroffen worden. Zur Hintanhaltung
von Unordnung, zur Besänftigung der Bevölkerung, zum

Schutze des Spitals entschloss ich mich, ein Freilager auf der Seite von Klek zu beziehen. Das Spital liess ich auf flachen Booten Bega-abwärts nach Titel führen. Am ersten Mai befahl ich, Morgens sechs Uhr, den Aufbruch und kam, ohne vom Feinde etwas wahrzunehmen, geschlossen und guten Muthes in Tomaschovatz an.

Bem war allerdings schon bei Temesvar, aber es rückte das kaiserlich - siebenbürgische Corps aus der Walachei und von Orsova herauf zur Vereinigung mit dem unsrigen. Noch war Hoffnung vorhanden, dass wir in Verbindung mit Temesvar Banat behaupten können.

Die Temesbrücke bei Tomaschovatz wurde halb abgetragen und das linke Ufer besetzt, Major Pavellić mit einem deutschbanater Bataillon und einem Flügel Schwarzenberguhlanen zur Deckung der Flanke gegen Werschetz nach Alibunar entsendet. Die Werschetzer Bewohner erbaten sich zum Militairkommandanten den kaiserlichen Hauptmann Jefta Baraić. Bei aller Tapferkeit konnte derselbe ohne Truppen und Geschütz dem Vordringen des Feindes keinen Einhalt thun. Als drei feindliche Bataillone von Bems Corps vor Werschetz erschienen, ging Baraić nach Izbistje zurück. Auf die Kunde, der Feind habe eine Wassermühle in der Nähe von Vojvodince, wo für die kaiserlichen Truppen Mehl bereitet wurde, überfallen, eilte er am 4. Mai in Person mit einigen zwölf Mann dahin, um den Feind daraus zu vertreiben. Ein Flintenschuss trifft Baraić in den Unterleib. Nach Izbistje gebracht haucht derselbe seine Heldenseele am folgenden Tage aus. —Oberst Herdy nannte Baraić den bravsten Offizier. Diess war er im vollsten Sinne. Er

war nicht nur der tapferste, auch der edelste war er
unter uns. Frei von jedweder Leidenschaftlichkeit war
Baraić tapfer, grossmüthig gegen Freund und Feind, weil
er nur so und nicht anders sein konnte. Wer ihn kannte,
liebte ihn. Die Gemeinde Karlsdorf, wo derselbe 1848
kurze Zeit befehligte, bat um die Gunst, ihn in seinem verwundeten Zustande pflegen zu dürfen. In ihm
verloren wir einen treuen, grossherzigen Kriegsgenossen.
Izbistje sei stolz darauf, den Staub des Helden Baraić
inner seinen Marken zu besitzen. Ruhm seinem Andenken !

General Thodorović musste seiner angegriffenen Ge-
sundheit halber gerade in dem Augenblicke vom Kriegsschauplatze abtreten, als Seine Majestät dessen treue
Dienste mit der Ernennung zum Feldmarschall-Lieutenant
zu belohnen geruhte.

Oberst Puffer übernahm das Corpscommando. Oberst
Herdy erhielt eine höhere Aufgabe und reiste nach
Wien ab.

Puffer mit seinem Hauptquartier befand sich zu
Samos, Major Pavellić zu Alibunar, Oberstlieutenant Billek
zur Vertheidigung der Brücke zu Tomaschovatz mit zwei
illirisch- und einem deutschbanater Bataillon.

Gefechte bei Tomaschovatz und Uzdin.

Am 7. Mai, Morgens, erscheint Perczel mit seinem Corps in Schlachtordnung auf dem jenseitigen höheren Temesufer, an derselben Stelle, wo vor einigen

Monaten Knitjanin unverwelkliche Lorbeeren sich brach.
— Die Brückenvertheidiger, allen Schutzes entblösst (der
Feind hatte 1848 die beiden Wälder umhauen lassen),
von den feindlichen Geschützen dominirt, vermochten sich
kaum eine Stunde zu halten, und wichen gegen Uzdin.
Auf den ersten Schuss liess Oberst Puffer seine zwei
Peterwardeiner und zwei Freiwilligenbataillone, dann die
sechs Züge Schwarzenberg- und die Nationaluhlanen aus-
rücken, und den Marsch nach Uzdin nehmen. Letzterem Orte bis auf eine halbe Stunde uns nähernd, er-
blickten wir den Feind in den zwischen Tomaschovatz
und Uzdin gelegenen Weingärten, und Oberstlieutenant
Billek mit seinen drei wieder geordneten Bataillonen ihm
jeden Fussbreit streitig machend.

Oberst Puffer liess vor dem Orte aufmarschiren,
Oberstlieutnant Billek am linken Flügel und links der
nach Tomaschovatz führenden Strasse. In der Mitte die
beiden Peterwardeiner unter Kommando des Majors Janosch, am rechten Flügel die Freiwilligenbataillone und
Schwarzenberguhlanen, unter meiner Leitung, die ich
im Namen des Corpscommandanten ausübte. — Dieser
Flügel lehnte sich an die daselbst stehende Windmühle.

Während der tapfere Lazić mit seinem Bataillon
und mit ihm Major Schirnding mit den Schwarzenbergern
avancirt und den feindlichen linken Flügel bis über die
Hälfte des Weges nach Tomaschovatz gegen die Temes
drücket, — während die Hälfte der Uhlanen unter Rittmeister Bucskowsky, in ein Glied formirt, drei glänzende
Attaquen auf die fünffache Zahl Husaren ausführt, und
schon Verwirrung in des Feindes Reserve hervorbringt,

weicht unser linker Flügel vor dem verstärkten Artillerie-
feuer, so dass alle Anstrengungen, ihn zu ordnen, nutz-
los sind, und Oberst Puffer, um Major Schirnding und
Lazić der Gefahr des Abgeschnittenwerdens nicht aus-
zusetzen, mich mit dem Befehle an die Tapfern zur Um-
kehr entsendete. Das Gefecht liess sich nicht mehr wieder herstellen, und so trat das Corps seinen Rückzug
über Sakula und Baranda, vom Feinde unbelästiget, an.

Major Janosch fiel als Kommandant des Centrums
vor der Frond, durch eine feindliche Flintenkugel getroffen. Andern Tags früh hauchte er seine Seele im
Wagen in den Strassen Pancsova's aus. — Seiner weinen-
den Familie war's nur vom Geschicke vergönnt, die irdischen Ueberreste auf fürstlich serbischen Boden zu retten und der Mutter Erde anheim zu geben.

Wir verloren an diesem Tage nebst vielen Todten,
die meisten von Schwarzenberguhlanen und den Freiwilligen, ein demontirtes Geschütz und — das Banat.

Das Banat wird geräumt.

Gegen vier Uhr Morgens den 8. Mai übersetzte das
Corps bei Oppova die Temes und den durch das Hoch-
wasser überflutheten, aber vom Hauptmann Stejin mit
seinen Csaikisten auf die lobenswürdigste Art mit unzähligen Brücken ausgestatteten zwei Stunden breiten Ried,
und erreichte gegen sechs Uhr das Donauufer bei Surduk.
Ich führte den Nachtrab.

24

Major Pavellié, abgeschnitten, ging bei Kubin über
die Donau nach Semendria und vereinigte sich über Belgrad nach einigen Tagen bei Carlowitz mit dem Corps.

Das Banat war zur Hälfte entvölkert, denn die serbischen Familien alle — einen geringen Theil ausgenommen, welcher durch die entstandene Stockung die Fluss-
übergänge nicht passiren konnte und sich auf Gnade und
Ungnade ergab — suchten im Fürstenthum Serbien und
in Syrmien Schutz. Dieses und das Tittler Plateau betrat der Feind, seiner Anstrengungen ungeachtet, nie.
Oberst Mamula und Bigga behaupteten das eine, Knitjanin das andere.

Auch war des FZM. Ban Jellaćić's Südarmee aus
Essek bereits eingetroffen.

Am 13. Mai 1848 war von den österreichischen
Serben zu Carlowitz der Widerstand gegen Ungarns Ue-
bergriffe einstimmig beschlossen worden. Einzelne be-
waffnete Lager, durch des greisen Patriarchen Rajaćić
Energie gaben dem Entschlusse Geltung. Diese Lager
werden unter dem erwählten Führer ein kaiserliches Armeecorps. Nach einem Jahre verschmolz dieses in die
k. k. Südarmee, um den Kampf gegen die Feinde des
Gesetzes und der Ordnung zu Ende zu fechten.

Ein Jahr handelte das österreichisch-serbische Volk
für das Gesammt- und eigene Interesse der Selbsterhaltung selbstständig. Welches die Mittel und welche
Leistungen in rein militärischer Beziehung, hat der freund-
liche Leser aus den vorliegenden Zeilen entnommen. In
politischer Beziehung leuchtet durch alle glücklichen und
unglücklichen Momente die Treue und Anhänglichkeit an

das allerhöchste Kaiserhaus hervor. Ob auch vielleicht
Einzelnen die partiellen Interessen der nationalen Abkunft
näher standen, wie die höheren Interessen des Gesammt-
vaterlandes: untreu dem Monarchen handelte Keiner.

Der Serben Altvorderen gelobten Kaiser Leopold I.
unverbrüchliche Treue. Sie blieben treu. Ihre Urenkel
bestrebten sich, der kaiserlichen Gunst und der eigenen
Vorfahren würdig zu bleiben.

Auch sie blieben treu.

Mit dem Ende des Corps hätten eigentlich auch diese
Erlebnisse im österreichisch-serbischen Armeecorps ihr
Ende. Weil aber der Krieg noch fortwährte, sei mir
erlaubt, auf die Gefahr hin, den nachsichtigen Leser völlig
zu ermüden, erst mit dem Feldzuge zum Schlusse zu
kommen.

Ein höherer Befehl bestimmte mich in Knitjanins
Lager auf dem Tittler Plateau. Die Schilderung der Ereignisse daselbst sei der Inhalt der noch wenigen Blätter.

VIERTER ABSCHNITT.

Banat ward vom Feinde mit 20 Bataillonen, der Ort Perlez, gegenüber Tittel, allein mit vier Bataillonen und zwölf Geschützen besetzt. Perczel betrat wieder das Csaikistenbataillon, wahrscheinlich jetzt seinen groben Fehler einsehend, nicht gleich Anfangs auf der Einnahme des Plateau's bestanden zu sein. Dieses, mit der Festung Peterwardein, würde die Zufluchtstätte der ganzen feindlichen Armee geworden sein, wodurch das Ende des Krieges um Wochen oder Monate verschoben worden wäre. Jetzt den Tittler Berg forciren, war eine Unmöglichkeit.

Knitjanin hatte zwischen Moschorin und Vilovo, auf dem Bergrande, sein Zelt aufgeschlagen, von wo er wie ein Adler seine Blicke auf des Feindes geringfügigste Bewegungen schweifen liess. Seine Truppen standen hinter dem Moschoriner Defilée und bestanden aus drei Bataillonen Csaikisten, zwei Bataillonen Bacser Freiwilligen, zwei Bataillonen irregulären Serbianern, worunter mehrere Berittene, einer Division Cavallerie, einer Zwölfpfünderbatterie und zehn Geschützen kleineren Kalibers, darunter die meisten dreipfündige; zusammen sieben Bataillone, zwei Escadronen und sechszehn Geschütze.

Bevor die Südarmee über die Donau setzte, welches erst am 24. Mai seinen Anfang nahm, hielt Knitjanin die Stellungen im Riede bei Perlez, bei Vilovo, Moschorin und am Kamen besetzt, welche letztere Oberst Puffer in der richtigen Voraussetzung gegründet, dass der Feind mittelst Dampfer versuchen würde, hier zu landen.

Am 23. Mai erschien aus des Feindes Lager ein angeblicher Chef des Generalstabs als Parlamentär (es war Oberst Bistronovsky). Er wollte Knitjanin Friedensanträge machen, wahrscheinlich aber nur unsere Stellung ausspähen. Knitjanin wies mit Würde die Anträge zurück. „Wenn der oberste Kriegsherr, Se. Majestät der Kaiser von Oesterreich, ihm auch gestattete, Frieden zu schliessen, so könnte er (Knitjanin) — mit dem Finger auf die gegenüber liegenden Schutthaufen weisend — es nicht. — Jene deutlichen Beweise haben den Wütherich nicht nur mit dem serbischen Volke, sondern mit der ganzen Menschheit entzweit. Drüben sind die düstern Zeugen, dass Perczel ein Unhold sei."

Ich geleitete den Parlamentär über den Damm. Dem Brauche gemäss, verband man ihm die Augen.

Durch die drei Dammdurchstiche tobten die Wasser der Theiss — wohlwollend für uns das grosse Becken füllend. Schmale Brettchen dienten zum halsbrecherischen Uebergange, und den sorglos angelnden Serbianern zum Sitze. — Als wir die gefährliche Passage betraten, sagte ich zu dem Parlamentär: „Hören Sie, wie Gott die Treue beschützet?"

Zweites Treffen bei Vilovo und Moschorin.

Am 24. — den Tag darauf — wollte der Feind die erhaltene Antwort rächen, und griff um halb drei Uhr Früh Vilovo mit ziemlicher Ungeschicklichkeit und Hoffnungslosigkeit auf Erfolg an. Etwas später leitete Perczel in Person den Angriff auf Moschorin. — Alles vergebens. Um sechs Uhr zog der Feind, mit Hinterlassung von zehn Todten und sechs Gefangenen, von beiden Punkten ab. Bei uns fiel ein Mann, zwei wurden verwundet. —

Zur selben Zeit feuerte ein Kriegsdampfer einige Schüsse auf Kamen ab, suchte jedoch bald aus dem Schussbereich zu kommen.

Drittes Gefecht bei Perlez.

Wichtigeres geschah bei Perlez. Ein feindliches Bataillon mit drei Geschützen stürmt über die Brücke, den Damm entlang, auf unsere Aufstellung im Riede. Hauptmann Lukić mit einer Division Illirischbanater, dann die beiden Hauptleute Grivićić und Gjurić vom Generalstabe, begegneten nicht nur herzhaft diesem Sturme, sondern warfen auch den Feind über die Brücke zurück, und mit den dazu gekommenen Serbianern durch den Ort Perlez bis jenseits zur Strasse nach Ecska. — Aber die wenigen hundert Mann, die Unterstützungen und Reserven waren auch nachgerückt, vermochten nicht, den ausgedehnten Ort allein gegen des Feindes herbeigeeilte

Reserve zu halten und zogen sich zurück. Von der Südarmee war ein einziges Bataillon Banalisten in Tittel eingerückt, aber seine Ueberschiffung nahm zu viel Zeit in
Anspruch. Oberst Puffer erschien zuletzt mit Ueberwin-
dung aller Schwierigkeiten auf dem Kampfplatze. Es
war dennoch zu spät. Grivičić an der Hand verwundet,
musste gleich im Anfange des Gefechtes vom Schauplatze
abtreten. Der Feind erschreckt von diesem Ereignisse
verdoppelt fast seine Besatzung zu Perlez, und beginnt
die Befestigungen des höhern Ufers.

Am 22. demonstrirt der Feind bei Vilovo, während
unsere Raketen vor Peterwardein Tekia in Brand stecken,
und die Unsrigen den Feind gegen die Festungsmauern
drängen.

Drittes Treffen bei Vilovo und Moschorin.

Am 26. greift Perczel mit drei Bataillonen, zwei
Divisionen Cavallerie und zwölf Geschützen Vilovo und
Moschorin an, wird aber zurückgeschlagen.

Nachts vom 25. auf den 26. hatte der Feind bei
St. Ivan gegen die im Sumpfe liegende bewaldete Insel
einen Brückenbau von Faschinen begonnen. Als ich um
halb drei Uhr Früh mit den zwei Zwölfpfündergeschützen
Vilovo längs der obern Kante des Plateau's zu Hülfe eilte,
machte mich ein Hämmern auf den Brückenbau aufmerksam. Die Brücke war bereits 40 bis 50 Schritte
hergestellt. Einige Kugeln jagten die Arbeiter nach allen
Richtungen auseinander.

Feldzeugmeister Ban Jellačić.

An diesem Tage ging ich nach Slankamen. Hier sah ich FZM. Ban Jellačić zum ersten Male. Von dem gefeierten Helden zu sprechen, fehlt mir der Muth. Des Kaisers Thron und das Vaterland sind beim Ban der Innbegriff seiner Religion. Beide sah Jellačić in Gefahr, und sie zu retten oder für sie zu sterben, war sein unwandelbarer Wille. Gleich Kaiser Friedrich II., dem Kreuzfahrer, steuerte er festen Muthes seinem frommen Ziele zu, trotz Drohung und Bannstrahl. Rechnen wir schon die Dankbarkeit zum Verdienste, welche Höhe hat lezteres bei FZM. Jellačić im Sommer 1848? — Was des verehrten Führers Persönlichkeit anbelangt, so bezauberte er Alle, die in seine Nähe kamen.

Am zweiten Juni befand sich die ganze, zur Offensive bestimmte Südarmee bei Tittel im Lager, und am selben Nachmittag zündete der abziehende Feind schonungslos auf ein verabredetes Zeichen alle noch unversehrten Dörfer, einzelnen Häuser und Kirchen im Csaikistenbezirke an.

Wir blickten vom Zelte aus mit Wehmuth, aber auch mit Inngrimm hinüber nach der vom Wütherich verursachten oder geduldeten Verheerung. Da kommt die Meldung, unsere Patrouille sei dem Feinde auf dem Fusse gefolgt, habe in Žabalj viele Mordbrenner bei der That ertappt, einige niedergemacht und bringe drei Individuen, darunter ein Weib, als Gefangene daher.

Man kann sich leicht unser Aller Erstaunen vorstellen, dass auch ein weibliches Wesen unter den Frevlern sich befinden muss. Wir hielten auf der Stelle, ohne die Deliquenten abzuwarten, Kriegsrecht. Einstimmig lautete die Strafe auf Tod.

Als jedoch das Weib verhört wurde, gab sie als Ursache ihrer Theilnahme oder Anwesenheit unter den Verworfenen an, dass sie in kinderloser Ehe ihrem Manne aus Pflichtgefühl überallhin gefolgt sei. Sie sprach dabei in solch gewinnendem, natürlichem, ruhigem, alle Grade der Empfindung bezeichnenden weichem Tone, — ohne auch einen Moment zum Weinen, dem gewöhnlichen weiblichen Hausmittel, ihre Zuflucht zu nehmen, dass wir Alle entwaffnet waren. Knitjanin schenkte ihr das Leben und jede andere Strafe.

Diesem Momente verdanken wir den folgenden von Knitjanin selbst wörtlich diktiren Brief an Perczel. Er charakterisirt jene grauenvolle Zeit, ist aber auch der wahrste Ausdruck der gigantischen Persönlichkeit unseres Heros Knitjanin wie er leibt und lebte.

Ich bin überzeugt, dass alle jene Männer, die im Kriege Knitjanin achten und lieben gelernt, ihm ihre Freundschaft geschenkt haben, aus dem Style, aus der Art der Rede, den nunmehr zu den seeligen Geistern gehörenden Freund wiedererkennen und sich dessen freuen müssen.

„An Herrn Perczel Moricz.

Die Uebel, welche ihre Leute verübten, überbieten jene eines Nero und Calligula. Sie vermögen es nicht mehr, auch wenn Sie's wollten, Ihren mordbrennerischen Truppen die Zügel anzulegen. Ihre räuberischen Horden versengten, plünderten und verheerten Alles derart, dass Sie selbst kein unversehrtes Plätzchen fanden, um auszuruhen, sondern Sie kauerten schon so viele Tage — einem Hunde gleich — dort auf den rauchenden Schutthaufen von Gjurgjevo und St. Ivan. Ich weiss nicht, ob ich über Sie zürnen oder Sie bedauern soll. Ihnen zürnen, finde ich unter meiner Würde, des Mitleids haben Sie sich selbst unwürdig gemacht. Ich frage sie, Herr General Perczel, was ist diess für eine ungarische (magyarische) Aufklärung des 19. Jahrhunderts, dass die gottlosen Hände Ihrer fluchbeladenen Verbündeten und Gleichgesinnten, der Juden und der weltlichen Ruhestörer, der Polen, selbst unsere Gotteshäuser, unsere Heiligthümer nicht schonen? Oder wollen und wünschen Sie sich in die Zeiten der Hunnenzüge versetzt, wo Ihre Urahnen, die Horden Asiens, ohne Obdach, ohne Herd, nur über Schutt und Leichenhaufen einherzogen und lagerten? Und fürwahr diess scheint Ihr Ziel zu sein, denn Sie haben uns mit diesem Masse gemessen, und wenn wir uns anschicken, mit demselben Masse Ihnen wieder zu messen, und Ihre Dörfer anzünden, dann allerdings bleiben Sie sammt ihrem Volke unter freiem Himmel, in dessen Ewigkeit zu schauen, Ihr sündhaftes Auge nicht würdig ist. Ich kam vor Euer Szegedin, und auch nicht ein Gottestempel ward entheiliget oder angezündet. Dort Sirig, Kanizsa, Beba, Kübekhaza, Bessenovo u. s w. Was einem andern Volke — auch wenn es mein Feind ist — heilig ist, betrachte auch ich als Heiligthum und respektire es. Du aber, Unhold! kennst Gott nicht, und daher auch nicht was heilig ist! Heute Morgens, nachdem Sie vergebens meine

Stellungen angegriffen und beschämt zurückgegangen sind, erwischten meine Ihnen am Fusse folgenden Patrouillen viele ihrer Leute im Orte Żabaly, mit Anzünden der Häuser und Kirchen eben beschäftiget. Zwei Missethäter davon sind hierher gebracht worden, die übrigen wurden an Ort und Stelle getödtet. Ich werde im Vereine mit Sr. Majestät Generalen bald in der Vorrückung auf Euer Szegedin sein; doch wisset! — Euere Tempel, Euere Dörfer werde ich abermals schonen, Eueren unschuldigen Bewohnern soll kein Leid geschehen, Ihren Mordbrennern und Plünderern aber kann kein Pardon gegeben werden. — Ein ebenfalls eingefangenes Weib sende ich Ihnen unbestraft mit diesem Briefe zurück. Sie folgte ihrem Gatten — mit Weibern führe ich keinen Krieg. Moschorin, am 2. Juni 1849. Knitjanin, General."

Die Offensive der Südarmee.

Am vierten Juni Abends passirt die Südarmee das Defilée von Vilovo zur Vorrückung in die Bacska. Sie lagert bei Kalj. Meinem theuern Freunde Gedeon Zastavniković, dem Leser aus der ersten Zeile dieser Erlebnisse bekannt, gab ich das Geleite. Er rückte mit Ottinger's Reiterei ab. Mir war es schwer, die Kriegsgefährten alle vorrücken zu sehen, während mich die Pflicht an die Vertheidigung des Tittler Berges fesselte. Hauptmann Stanojlović verblieb gleichfalls an der Seite Knitjanins.

Letzterer schlug sein Hauptquartier in Tittel auf. Das Zelt prangte auf der Höhenkuppe nächst der Stadt, von der sich weit und breit Banat und unsere Stellung jenseits der Theiss übersehen liess. Die Cholera wüthete schonungslos in Tittel unter der Bevölkerung und auch unter den Kriegern. — Aus des Generals nächster Umgebung raffte die Krankheit drei Offiziere, davon den hoffnungsvollen sehr braven Jüngling Dugalić, als das erste Opfer hinweg. Diess bewog den General, auf der Höhe die frischere Luft zu suchen, und auffallend ist's, dass während im Orte die Sterblichkeit erschreckend war, oben und im Perlezer Riede, wo mit Ausnahme eines schmalen Streifens längs dem 3000 Schritte langen Damme alles überschwemmt ist, kein Mann erkrankte. — Um auch die Besatzung des Lagers bei Moschorin der weitern Wuth der Krankheit zu entreissen, wurden die Truppen über den Sumpf vor dem Eingange zum Defilée im Halbkreise verlegt. Hier war gesunde Luft, frisches Wasser. Das Gras, vermischt mit Getreide, diente den nach frischer Luft lechzenden Kriegern zum balsamischen Feldbette. Zusehends erholten sich alle Kranken.

Am siebenten ward Perczel bei Katj und der Römerschanze bei einem Versuche, die Südarmee zu überfallen, so total geschlagen, dass er von dem Augenblicke an kein Lebenszeichen mehr von sich gab. Ottingers Tapfere ritten ein ganzes Bataillon (das achte, sogenannte Mordbrenner) über den Haufen und hieben alles nieder.

Am nächsten Tage begleitete ich Knitjanin in das Hauptquartier des Banus nach Katj. Von hier über die Römerschanze hinaus nach Jarek zu General Ottinger.

In der Nacht vom elften auf den zwölften, und
auch die nächste, war der Himmel von der Beschiessung
Neusatz's von Peterwardein aus erleuchtet. Auch diese
blühende Stadt ward ein Schutthaufen.

Zur Befestigung der Stellungen und namentlich zur
Aufführung eines ausgedehnten Theissbrückenkopfes gegenüber von Tittel war Hauptmann Tunkler vom Genie-
corps damit betraut. Am zehnten war die Schanze vollendet. Das Werk lobt den Meister.

Am 24. erhielt ich die Kunde, dass mir das nie
gehoffte Glück eines sichtbaren Beweises allerhöchst kaiserlicher Gunst zu Theil wurde. — Die Träume der
ersten Nacht im Felde bekamen Leben und Wirklichkeit.

Viertes Gefecht bei Perlez.

Am 26. Juni, um 3 Uhr Früh, überfiel der Feind
von Perlez her unsere Truppen. Rechts des Dammes,
auf 1000 Schritte Bega-abwärts, in dem ausgehenden,
von einem Weidenwalde gedeckten Winkel, welcher
Punkt ausser dem Gesichtskreise unserer Vorposten lag,
da der Weidenwald unter Wasser war, und nur eine
schmale Erdzunge von der Begabrücke, an deren beiden
Enden die feindlichen Geschütze sich gegenüberstanden,
bis dahin längst dem Kanale führte, also in jenem ausspringenden Winkel schlug der Feind Nachts zwei Brücken,
und drei Compagnieen Infanterie und ein Flügel Husaren

übersetzten diese unter dem Schutze der Batterien. Der
Feind stürzte sich auf unsere vordersten vier Geschütze.
Hier befand sich um diese Zeit gewöhnlich der wachsame
Bataillons- und Vorpostenkommandant der Serbianer, Županjevac, ein Mann, auf den man bauen konnte, dann
k. k. Oberlieutenant Stublik des Csaikistenbataillons, mit
ihnen einige Kanoniere und Csaikisten. Der Andrang war
heftig, die Ueberzahl des Feindes auffallend, aber die
beiden benannten tapferen Offiziere hielten mit eisernem
Muthe die Stellung und mit ihr das Geschütz. Auch ein
Muselman, Hassan-Alić, befand sich unter den Kämpfen-
den. Er feuerte die Mannschaft mit den Worten an:
„Mit welchem Gesichte wollt ihr vor General Knitjanin
treten, wenn uns das Geschütz verloren geht?“ Ein junger
k. k. Jäger vom ersten Wiener Freiwilligenbataillon, Karl
Geist, krank im Spital zu Tittel, ein Wiener von Geburt,
greift beim ersten Kanonenschusse nach seinem Stutzen
und im Nu ist er an der Seite Alić's. Der kleinen
Schaar gelang es, eine volle Stunde die Stellung zu halten. Ich liess eine Csaikistencompagnie unter Lieutenant
Živković und 100 Serbianer, unter Kommando des Dmi-
tar Miatow und Gruica Milenković (Adjutant Knitjanins)
aus der Reserve, den Weg durch den überschwemmten
Weidenwald gerade auf die Brücken des Feindes zu
nehmen, so dass man, dadurch ziemlich gedeckt, jenem
stürmenden Feinde in den Rücken kam. Sobald letzterer
diess bemerkte, machte er Kehrt und lief in Unordnung
über die Brücken zurück. Unsere Reservecolonne watete
fast bis zum Gürtel im Wasser, stürmte jedoch kühn vorwärts.

In der Nähe der Bega empfing uns trotz Weidenbäumen ein Hagel feindlicher Kartätschen- und Gewehr-
kugeln.

Aus dem Verluste und der Zahl der Verwundeten
ist am besten die Hitze des an sich unbedeutend schei-
nenden Gefechtes zu ersehen.

Wir hatten zwölf Todte und vierzig Verwundete.
Unter letzteren der Serbianer-Führer Županjevac, Dmi-
tar Mialow und Gruica schwer blessirt.

Bis zum 14. Juli geschah nun hier nichts besonderes,
aber um so mehr bei den beiden kaiserlichen Haupt-
armeen, wovon uns Kunde zukam. FZM. Haynau war
schon in Kecskemet. FM. Paskievic in Debrezin.

Nach den Erfolgen Haynau's war es vorauszusehen,
dass die gedrängten feindlichen Colonnen mit Lavinen-
wucht sich auf die Südarmee wälzen werden. FZM. Ban
Jellacić überschritt am 14. Juli den Franzenskanal zur
Offensive gegen Hegyes, und gerade an diesem Tage
hatte der Feind einen allgemeinen Angriff auf unsere
Stellungen festgesetzt. Der Kampf bei Hegyes mit einem
22,000 Mann starken Feinde, den sonst die unverläss-
lichen Spione für 8000 ausgaben, hatte alles persönlichen
Heldenmuthes des Ban Jellacić und der Truppen zum
Trotze, den Rückzug der Südarmee hinter den Kanal und
hinter die Römerschanze zur Folge.

Fünftes Gefecht bei Perlez.

Am selben unglücklichen Tage sassen wir um die sechste Morgenstunde, um das Zelt Knitjanins, sorglos auf Perlez blickend, als wie durch einen Zauberschlag sich sämmtliche Geschütze des Feindes entluden. — Nach fünf Minuten der Ueberraschung sahen wir die fliehenden Gestalten der Unsrigen von dem vordersten Theile des Dammes auf die Unterstützungen sich werfen. Ich sprang hinab, überschiffte mit dem Artilleriekommandanten Panta Čarapić die Theiss und fliege auf einem Wagen auf den Kampfplatz. Da sah es wüste aus. Ungefähr 800 Schritte herwärts unserer äussersten Aufstellung an der Brücke, wo der Damm gerade rechts eine Biegung macht, standen unsere zwei eisernen Zwölfpfünder, in der Mitte der Entfernung bei einer kleinen Dammbrücke zwei Sechspfünder und eine Haubitze und ganz vorn die schon erwähnten vier Geschütze, gegenwärtig alle sieben Stücke in Feindes Gewalt, der, darob vermuthlich selbst erstaunt, im Uebermass seiner Freude auf den Kanonen ritt. Unsere Truppe bei den eisernen Zwölfpfündern im Knäul und Verwirrung. Der Serbianer-Kommandant Dobrnjac, Hauptmann Stejin von den Csaikisten, Oberlieutenant Stuhlik *) und sämmtliche Offiziere mit aller Kraftanstrengung die überraschte Mannschaft von weiterem Retiriren abzuhalten bemüht. Da erschien ich mit der Reserve. Alles überging nun zum Sturmschritt. Oberlieutenant Atanasie Čurčić von den Csaikisten mit einigen

---

*) Fiel 1859 rühmlichst bei Como.

Mann voran. Wir entwinden dem Feinde die nächsten drei Kanonen.

Er will die kleine Brücke vertheidigen. Die beiden feindlichen Compagnie-Commandanten, August Abt der eine, Goldstein Moritz der andere, gleich Horatius Cocles und seinen Gefährten Spurcius Lartius und Titus Herminicus die Mannschaft aufeuernd, und sie, die ersten voran, die Brücke vertheidigend, fallen, ein nächster Anlauf von uns, und Brücke, Damm und sämmtliches schon verloren gewesenes Geschütz ist wieder in unseren Händen.

Oberlieutenant Dobanovacsky rückte mit den Csaikisten, von den eisernen Zwölfpfündern in gerader Linie auf die, wie früher vom Feinde geschlagenen Brücken durch das Wasser vor, und beschleunigte so den Rückzug des Feindes, der schon eine Husarendivision auf dem diesseitigen Ufer festen Fuss nehmen liess. Wieder wurden die Unsrigen im Weidenwalde mit Kartätschen überschüttet. Das Verlorene war wieder gewonnen, kein einziger Feind befand sich mehr am diesseitigen Ufer. Wir hatten acht Todte und 38 Verwundete.

Der Tapferste war Ćurčić. Ein an seiner Seite stürmender Serbianer, ein Greis Namens Nikolics aus Bosnien, tödtete in dem Augenblicke einen feindlichen Unteroffizier, als dieser auf Ćurčić sein Gewehr auf Laufeslänge anschlug.

Der Feind war von dem unerwarteten ersten Erfolge so verwirrt, dass er, statt die eroberten Geschütze gegen uns zu richten, über die mit Milch gefüllten Schüsseln, die unsere Mannschaft in der Eile verlassen hatte, herfiel, und den Inhalt verzehrte. Ein sehr theueres Frühstück, fürwahr!

Beim Rückzuge der Südarmee über den Franzens-kanal, fiel in einer offenen Schanze der musterhafte, all-gemein geachtete Oberstlieutenannt Ozwerek, dann der tapfere, liebenswürdige Rittmeister Baron Freiberg, Ottin-gers Generalstabsoffizier, da Hauptmann Gedeon Zastav-niković, bei Neusatz verwundet, in Carlowitz sich befand.

Am 15. geschah die feierliche Einweihung der von Hauptmann Tunkler aufgeführten Brückenschanze durch den Bischof Kragujević, und gleichzeitig die Auszeichnung jener Tapferen vom 26. Juni bei Perlez durch Tapfer-keitsmedaillen. K. k. Major Peter, Kommandant der Artil-leriereserve zu Tittel, wohnte gleichfalls der Feierlich-keit bei.

Natürlich durfte bei der Medaillenbetheilung un-ser Hassan-Alić und der tapfere Karl Geist nicht fehlen.

Ban Jellačić, besorgt um die Cernirung Peterwar-deins, da Gyon durch einen überwiegenden Schlag sich bald einen Weg nach Agram zu bahnen im Stande war, übersetzte mit dem grösseren Theile der Armee bei Kovily die Donau und nahm bei Carlowitz Stellung.

FML. Dietrich übernahm das Kommando des Tittler Plateaus mit dem Hauptquartier zu Tittel. General Lang mit einer Brigade hielt Vilovo, Knitjanin Moschorin be-setzt. Am Kamen kommandirt Hauptmann Rajcselić*) von den Csaikisten. Die Cavalleriedivision Ottinger la-gerte bei Tittel.

---

*) 1859 bei Solferino gefallen.

Der unermüdliche Tunkler, der stets auf die ersten Kanonenschüsse Zirkel und Masstab dahin warf und mit seinen Pionieren in die Schlacht eilte, begann nun die Stellung bei Moschorin nach den Regeln der Kunst zu befestigen. Seinem Eifer verdankt Knitjanins Truppe den so ausgiebigen Schutz am 23. Juli.

Der Feind lagerte mit dem Gros bei Földvar, mit zwei Brigaden bei Žabalj, Gjurgjevo und St. Ivan. Am 19. Juli cernirt er den Zugang des Moschoriner Defilées. Gyon und Kmety sind die feindlichen Kommandanten.

Wir erhalten die Nachricht, dass Gr. Becskerek mit flüchtigen, feindlich gesinnten Familien aus Szegedin überfüllt sei. Der Feind hielt die Theissübergänge bei Becsej, dann Földvar und die Verbindung mit der Festung Peterwardein fest, und versuchte einen nachdrücklichen Angriff auf Moschorin am 23. Juli 1849.

Viertes und letztes Treffen bei Moschorin und Vilovo.

Um halb drei Uhr Früh an diesem Tage hörten wir ein heftiges Geschützfeuer bei Tittel, und bald darauf sehen wir um den Zugang zum Moschoriner Defilée die feindlichen Batterien im Halbkreise aufleuchten. Der Angriff war heftiger und entschlossener als alle bisherigen. Denn ein Bataillon watete rechts und links des Dammes im Halbdunkel bis fast in die Mitte des Sumpfes. Da wurde unsere Artillerie, von den Vorposten unterrichtet, ihrer gewahr und volle Kartätschenladungen warfen sowohl dieses Bataillon als auch jeden weitern Versuch zurück. Die beim Verfolgen im Sumpfe gemachten Gefangenen sagten aus, Vetter sei ihr Kommandant gewesen, und habe neun Bataillone, fünfzehn Geschütze zur Verfügung gehabt. — Auch General Lang schlug in einem, von drei bis sieben Uhr währenden Kampfe den Feind heldenmüthig zurück. Bei Tittel behauptete sich Lazić mit den beiden Freiwilligenbataillonen am Brzi-Fok, desgleichen Rajcsetić am Kamen aufs Beste.

Man glaubte nun die Sache abgethan. Das Gefecht schwieg um die neunte Stunde allerorten.

Wir sassen im Zelte beim Mittagsmahle, als ich plötzlich in weiter Ferne auf dem rechten Flügel unserer 4000 Schritte langen Aufstellung am jenseitigen hügeligen Ufer Colonnen in grosser Bewegung erblickte. Alles schwang sich auf die Pferde. General Knitjanin beauftragte mich den rechten Flügel zu übernehmen, während Hauptmann Stanojlović den linken Flügel übernahm. Knitjanin hielt selbst das Centrum, nach allen Richtungen seinen Adlerblick heftend. Als ich auf dem äussersten rechten Flügel erschien, war das feindliche Geschützfeuer eröffnet, und auf vier Stellen waren Sturmcolonnen watend bis in die Mitte des Sumpfes gekommen. Dreihundert Schritte mag eine von der andern entfernt gewesen sein. Die Mannschaft bis an die Brust im Wasser. Die erste Linie feuerte aber dennoch, natürlich höchst unsicher. Eine fünfte Colonne von vier bis fünf Bataillonen watete auf beiden Seiten des Dammes auf Knitjanin zu.*) Schon waren die Feinde bis auf 50—60 Schritte vom diesseitigen Ufer, seine äusserste linke Colonne, wo der Wi-

---

*) Es muss bemerkt werden, dass der heisse Juli gewöhnlich mit dem starken Fallen der Wasser verbunden ist, daher der die Front deckende Sumpf immer seichter wurde, das Becken zwischen den beiden Defilées ausgenommen, welches durch Zuschütten der Durchstiche das volle Quantum Wasser behielt.

derstand am schwächsten, sogar auf der Spitze der Land-
zunge auf festen Boden, als, es war schon gegen Abend,
von General Lang gesandt, eine halbe Cavalleriebatterie
und eine Division Dragoner, geführt von Oberlieutenant
Baron Malzhan auf dem Schlachtfelde erschien. — Die
Batterie ward auf der meist bedrohten Stelle des rechten
Flügels aufgeführt, eine Escadron Dragoner gegen die
äusserste Spitze dirigirt. Der da sich sammelnde Feind
floh in den Sumpf. Auf der ganzen Linie machte der
kühne Feind Halt und bald darauf Kehrt. Das Geschützfeuer dauerte noch bis es völlig dunkel geworden. Ein
jammervolles Geschrei der im Sumpfe im Stiche gelasse-
nen Verwundeten bezeichnete die eigenthümliche Wahlstatt.

Noch nie sah ich den Feind so tapfer fechten wie
heute, und um so mehr Achtung muss ihm der Kriegs-
mann zollen, als der Boden, auf dem der Gegner agirte,
ein 800 Schritte breiter vier bis viereinhalb Schuh tiefer
Sumpf war. 22.000 Mann und 40 Geschütze hatte der
Feind im Feuer.

Jener Angriff am Morgen war wahrscheinlich in der
Ungeduld vom vordersten Armeecorps auf eigene Faust
unternommen, denn die Verstärkung kam erst Mittags an.

Als wenn jeder einzelne Mann geahnet hätte, dass
diess der letzte Kampf des Feldzuges sei, that jeder Vertheidiger, von Knitjanin, dem Muster an Tapferkeit, abwärts, sein Möglichstes. Offiziere, Unteroffiziere und Mannschaft, ja selbst die noch übrigen vom Alter gebeugten Bewohner von Moschorin und die dahin Geflüchteten, wettei-
ferten im Kampfesmuthe mit einander. Ich muss hier
einer besondern Erscheinung des Gefechtsganges erwähnen.
Die ganze Vertheidigungs- und heute wirklich angegriffene Linie beträgt von der äussersten Spitze der Insel Sigel bis zum
äussersten Spitze am rechten Flügel, was wohl manchem
Leser unwahrscheinlich vorkommen möchte, bei 6000
Schritte, von denen die äussersten 2000 Schritte links

wohl nur mit Geschütz vertheidigt wurden, aber dennoch
ein Detachement Steiter in Anspruch nahmen. Bei den
bisherigen Gefechten standen Unterstützungen und Reserve
an der Strasse, unmittelbar hinter dem Centrum. Die
heutige feindliche Angriffsweise dehnte jedoch die Ge-
fechtslinie in jene oben bezeichnete Länge aus und zwang
uns, die Reserve rechts in erster Linie aufmarschiren zu
lassen. Schon um drei Uhr Nachmittags hatte Knitjanin
den letzten Rest seines Rückhaltes in die Wagschale ge-
legt. Ein jeder Mann fasste am Sumpfufer Posto so
gut es ging, so dass, nachdem man im Centrum als dem
mit der stärksten Sturmcolonne bedrohten Theile, die
Streiter dichter zusammengezogen, sie weiter hinaus auf
vier bis fünf Schritte Entfernung von einander standen.
Um die sechste Stunde war aller Munitionsvorrath verfeuert. Man hatte weder eine Ablösung bei der Hand,
noch sonst ein geeignetes Mittel, die Patronen den Kriegern zukommen zu lassen. Da beruft Knitjanin zwei an
diesem Tage zu Vorspann kommandirte Knaben, beide
nicht über 13 Jahre alt, Proka Arsenov von Sivatz und
Jakov Tucsev aus Parabué, hierher geflüchteten Familien
gehörig, lässt ihre Wagen mit Munition beladen, und beauftragt sie, dieselbe bis zu dem nächsten Offiziersposten
zu führen, dort abzuladen und von hier würde es leichter
sein, sie an die Mannschaft tragen zu lassen. Die zwei
unerschrockenen Knaben jedoch, begnügten sich nicht damit, sondern sprengen, verfolgt von einem Hagel feindlicher Gewehr- und Geschützkugeln, bis zum letzten Mann
am äussersten rechten Flügel und kehren mit heiterer
Miene zu Knitjanin zurück, mit der gehorsamsten Anfrage:
„Ob er nicht noch etwas zu befehlen habe?"

Die Kanoniere feuerten mit einer wahren Passion,
und namentlich die zur Hülfe gekommene Cavalleriebatterie.

Hauptmann Stanojlović, Milivoj Petrović, alle Csai-
kistenoffiziere, unter welchen wieder Oberlieutenant Ćur-

čić, Hauptmann Gaišin, die Adjutanten Knitjanins, von denen wieder der überaus brave Angjelko Miljković, Oberlieutenant Malzhan, alle ohne Ausnahme erfüllten ihre Aufgabe mit Auszeichnung.

FZM. Ban Jellačić empfing die Kunde von Knitjanin's Siege mit jener edlen Freude, die nur ein Vater über das Glück des Sohnes empfinden kann.

General Knitjanin ward dafür mit der höchsten Auszeichnung unserer Armee, und mit der noch grösseren, sie aus der Hand Sr. Majestät unseres allgütigsten Kaisers Franz Joseph selbst erhalten zu haben, belohnt. Ban Jellačić heftete ihm den Theresienorden in des Kaisers Vorzimmer eigenhändig an die Brust und gab ihm den Bruderkuss.

Se. Majestät bedachte reichlich die Tapferen mit allerhöchsten Auszeichnungen, selbst jene zwei muthigen Knaben erhielten silberne Tapferkeitsmedaillen. Mögen sie ihr Glück freudig geniessen und möge ihre geschmückte Brust Allen als Beweis dienen, dass der Monarch stets die Treue und Tapferkeit belohnt.

Am 30. Juli führt FML. Dietrich eine grosse Recognoscirung bei Žabalj aus.

Am 5. August entsendet Knitjanin eine acht Serbianer starke Reiterpatrouille unter Führung des unternehmenden Welimir über Csurug und Földvar nach Szegedin, um Se. Excellenz den Oberkommandanten FZM. Haynau aufzusuchen. Welimir führte seine Aufgabe glänzend aus. Er kam nach Theresiopel, welches von kaiserlichen Truppen schon besetzt war, fuhr dann über Szegedin und kam nach Beba ins Hauptquartier.

Indessen kam am sechsten August ein kaiserl. fliegendes Corps unter Kommando des Obersten Grafen Altban, ohne auf Welimir zu stossen (der hatte weiter ausgeholt) vor die Position bei Moschorin. Seinen Einmarsch ins Lager begrüsste unsere Mannschaft und die Bewohner mit Freude.

Am 9. August räumt der Feind Perlez. Am 10. meldet sich Welimir in Knitjanins Zelt und erzählt seine Abenteuer. Er war am linken Theissufer herabgekommen.

Am 13. rückte die Südarmee in Doppelmärschen über Becskerek gegen Temesvar.

Am 17. erfahren wir den Sieg bei Temesvar, das Ereigniss bei Vilagos, und damit hatte der Feldzug, hatten die Gräuel ein Ende.

Schluss.

Am 18. August 1849 versammelten sich die im Feuer gestählten Kampfesgenossen zum letztenmale, ihr schönstes Fest zu feiern. Doppelt war der Feiertag. Verklärung Christi und des Kaisers Geburtstag. Fromm baten sie Gott, den Lenker der Welten, Kaiser Franz Joseph seinen Völkern zum Heil zu erhalten und zu beschützen. Mit dem Gebete entströmte den Herzen der Dank, dass der unheilvollste Krieg sieggekrönt beendet sei.

Froh kehrten die Kämpfer heim zu ihren Lieben. Die Waffe machte dem Pfluge Platz.

Die Zeit und der verdoppelte Fleiss, werden die Wunden vernarben. Bald wird Frohsinn in Oesterreichs herrlichen Gefilden ertönen.

Und blühen wird unser Gesammtvaterland, uns nun doppelt theuer, dem schönsten Garten gleich; beschützt von des Heeres Hochwald, von Radetzky's Felsen, gepflegt von der Bürger Treue, erwärmt von des Kaisers väterlicher Liebe!

2 JA 64.
